Mindfulness

WORD SEARCH

FOR ADULTS

CREATE CALM

Welcome to Mindfulness!

This word search will provide you with inspiration for ways to include mindfulness in your life.

Instructions

To play this word search book, find and highlight or mark the words placed forward, across, down and diagonally.

Any words containing spaces will be made into one word on the puzzle. For example ENERGY BOOST is ENERGYBOOST.

Answers are at the back of the book.

Happy puzzling!

ACCEPTANCE

```
M R K V N C E M P A T H Y K E X T Q W
Y E H A E C N A R E L O T Z P D M Z E
T V W Q C P C G M I B A S S E N T C A
I P S N Y K C T A E F C H C R N N K M
L O B B T S N K V E C F J G M A E E S
I J Y I F N G O T V Z N Y K I W S K S
B I X Z K I V B W Q B T E L S H S Y E
A S S E N G N I L L I W P G S D S L N
T J L Q S F F R K L E M K J I P E O D
P J S S E N D N I K O D X E V L R V E
A R H D U Q X B B C V Q G E E S I E D
D X N O I T I N G O C E R M N S K D N
A C V H I X O C U X T Y Z O E E S O I
X K R U E Q A Q M R L S T T S N Y S M
K W L L B R J F O I Q Z I C S N T Q N
L E F V E N R P B S Z N C T O E Z S E
F G A C C E P T A N C E K K T P H R P
T I N N N U A P Q A I I M T G O Y G O
O C X O S Y W Q R D Q F S C U D O G F
```

ACCEPTANCE	ACKNOWLEDGMENT	ASSENT
OPENNESS	WILLINGNESS	TOLERANCE
FLEXIBILITY	COMPLIANCE	ADAPTABILITY
DILIGENCE	OPEN MINDEDNESS	RECOGNITION
PERMISSIVENESS	EMPATHY	KINDNESS
CARE	SUPPORT	LOVE

AROMATHERAPY

```
N Q I Q Z C D L Y E A C V P Z A Z
N X Q G Q F R F T E A T R E E C X
D O L G N X X Q Z G Q Y I P M E R
O C V Z Y A T Q C C Z H O P N I J
X B Q H G V L H W R E D N E V A L
S V L G R E A Y M Q Y E U R S S V
Q V B F Z M R Z G X Q C P M U N U
Y A D O O W L A D N A S I I R C F
D N D M C F V A N L A N W N T B N
V I I Z L Z C C Y I E L L T I G E
Z L N M A D J P O S U E Y C C I Y
E L W P R W T U O R V M B O T O N
H A W S Y U N R N U A O K D I Q C
A O B E S N E C N I K N A R F A D
E B C T A J L Z M Q P P G C Y P Z
Y B E R G A M O T Z Y E E E D K O
Z V E X E T W S T Z R T R N G M P
```

LAVENDER
CHAMOMILE
SANDALWOOD
VANILLA
FRANKINCENSE
LEMON

EUCALYPTUS
ROSE
CITRUS
BERGAMOT
GERANIUM
ORANGE

PEPPERMINT
JASMINE
YLANG YLANG
CLARY SAGE
JUNIPER
TEA TREE

2

ART

```
Q F K M X Z V T N U H J Q R O P U Z
T M S I B U C R L V N X T S Z Z G C
G R A F F I T I W D F G R V W H X R
Y O A M I X E D M E D I A M K T D X
Y Y B T S A E K O R T S H S U R B Q
G E O A C I M E V J N O M I H A T N
O Y Z L P A N S T O F M S N H L I D
N H G J Z O R O I R P C I O M A O E
E P F L M H T T I L A I L I E T C S
R A H A Z C I T S S A T A S G I S M
U R P P M S K K E B E S E S Q G Z D
T G U O P B D S R A E R E Z I O I
P O Y P P J M Z K E Y B R R R D K H
L T M E A A U W R U U Q A P U T C H
U O C E D T R A V R W U Q X M S S H
C H M Z T S K T A T Y N Q E C I E M
S P A I N T I N G Y T Q A Z S O L Y
F Q P K O V M Z Z W D B L I J T E M
```

PAINTING
PHOTOGRAPHY
MIXED MEDIA
STREET ART
POP ART
CUBISM

SCULPTURE
DIGITAL ART
COMPOSITION
ABSTRACT ART
IMPRESSIONISM
EXPRESSIONISM

BRUSHSTROKE
POTTERY
GRAFFITI
SURREALISM
REALISM
ART DECO

3

BAKING

```
V W G F U H R F P Z L W X Q D I K
I C U E T A R O C E D H W A T F T
R E T T U B K O A S C K S R X H M
C W F H Z W F R S U W R G G T W L
B R P K K P I P A X Y T X M M N L
P D Q R E D W O P G N I K A B O J
A M V P Y E P R P E U N E V O I Q
L F E V S N U Q M A R S W C Z S A
U W Y I J B I E R C S E U D V I V
K E R U T A R E P M E T O G L C X
K N R V O U R R U B S I R K S E S
L C E Z S C L N R A J K M Y H R W
L Z T A L N L V E F M I U N A P Q
T E E Q D Y N Y Q D X H S V P C L
Q M B Z G I J P D I G F D Z E K C
W S H A R I N G N C B A T T E R F
H X U K E S I G Z B W B K D Y D Q
```

YEAST
KNEADING
PASTRY
OVEN
SUGAR
PROOF

MEASUREMENT
BUTTER
COOL
RISE
PRECISION
SHARING

MIXING
SHAPE
DECORATE
TEMPERATURE
BAKING POWDER
BATTER

BALANCE

```
M T Z I U B F U T Z F Q E V U P N M
U O B A U I S T A B I L I T Y L P E
W K D N X W Z D C W R G N M G Q N D
C H P E D N U P E W P E K R E B M T
R E S T R A I N T F M I E F I L Z A
R E G U L A T I O N D U A L A C G
T B B I D Z T G N P H R G V O O K
U X T O K W H I F R T S V U W M S
J Y H R R W L F O E Y C Y N M P P T
S A Z U E A X P C N S N T N Z S O E
E G D F M L O W O R O E I X E B S A
T A D P M R E M N R R T M B I N U D
X A K O T X R V H W S S I S C P R I
F Y T I R A P C E F U I N P X L E N
F L O S H K N I Z L C S A T V Z E E
V N V E S Y G Q P C F N U V Z O E S
E L A C S H L Q Y W Y O Q W G F H S
H O L S T Y H L U N X C E C K V C P
```

DUALITY
SYNCHRONY
STABILITY
REGULATION
LEVELER
SCALE

PARITY
RESTRAINT
PROPORTION
COUNTERWEIGHT
STEADINESS
EQUANIMITY

MODERATION
ALIGNMENT
CONSISTENCY
POISE
COMPOSURE
HARMONY

BATH

```
B R F P V T K A S G L Q I B E D P H O
A Y C X D G A H Z V E P L Y D H T M E
Z T L Z F J O N P P W O L U U T Q M I
T R E W O H S B U T O Y U T A Y D Q T
M V A N X B D L U F T J X S Y A F B R
J N N O B U Q R A R P F U T F P H U R
J H S I U X V H P T C C R X Y B F D Z
P A I T T K P M W J H S Y F D C S D L
I J N A L Y F F Z O B E S B B X M Y S
G D G C Q A J X B A T H R O B E V T A
D L I I Q J S M O I S T U R I Z E N M
O O F F E A D M E J I N I N I A N J I
C T P I C K N V O I S R V M M Y P B X
P I E X D L Q J E S Y J I M W O L C Y
O O O O L J H L U J P O Y M Y X R L W
D N N T H H Y G I E N E N Q L Y K R Z
N Z Z E T A R V W U Q O R R R F U Y G
N V M D P T B A V R U Y Z H M A K P N
R I N S E N O Q H P F D D V G V K E I
```

SOAK	TOWEL	CLEANSING
BATHROBE	STEAM	LUXURY
HYGIENE	SPA	EPSOM SALTS
SCRUB	LOTION	LATHER
SHOWER	DETOXIFICATION	LOOFAH
MOISTURIZE	RINSE	TUB

BIRD WATCHING

I	D	S	L	B	L	E	B	Y	Z	K	Q	M	W	Y	H
A	M	D	R	I	B	G	N	I	M	M	U	H	A	S	P
A	M	V	U	A	G	E	S	M	G	N	I	T	S	E	N
L	R	I	U	K	L	N	L	A	E	K	H	Z	R	I	R
Y	Y	E	J	K	E	U	N	L	F	S	A	C	V	C	Q
C	P	S	M	L	O	R	C	S	R	E	H	T	A	E	F
W	U	U	M	A	K	E	Q	O	M	B	S	U	X	P	I
U	Y	O	I	V	C	D	D	K	N	Q	C	G	A	S	E
A	O	H	G	C	H	E	C	K	L	I	S	T	K	H	L
Z	R	D	R	F	E	E	L	T	U	V	B	M	A	P	D
G	X	R	A	S	K	F	E	N	C	Y	U	B	A	A	G
Y	S	I	T	K	X	S	O	N	G	B	I	R	D	S	U
W	F	B	I	V	F	C	X	B	A	T	V	I	I	V	I
C	U	D	O	E	L	G	A	E	A	R	X	T	R	W	D
G	R	B	N	A	Z	U	R	T	I	K	B	D	T	L	E
X	H	T	F	L	P	G	Z	N	S	D	J	E	T	F	O

BINOCULARS	FIELD GUIDE	CHECKLIST
CAMERA	PERCH	BIRDHOUSE
FEEDER	SEED	ZOOM LENS
HABITAT	MIGRATION	SONGBIRDS
SPECIES	NESTING	FEATHERS
HUMMINGBIRD	EAGLE	FALCON

BREATHING

```
B R E A T H C O N T R O L I G M J N U Z L
N D O C L D D O C G P O G H P T I H M I E
X I E L F C E L H A F I C U I H N A N A L
A A C A M S S E Q A R H K D L U H V R R I
C M Z Y N K J Y P K G B I O C R A X E P M
O A P R R X I N K B X J O L L O L J S H M
W Y N G E X I W Z T R K J N I B A J P R U
M A V P J P L E A Q P E Z P D X T X I E N
W N W H T H P I T B B V A L T I I G R M E
I A D W G S R J B Y F W G T Z N O D A Z S
N R V I Y W O B S G R P L C H F N X T X Y
D P B I A O H O X Y G E N A T I O N I J S
P M F Y U P T A B J F O D P S U N T O D T
I V J T S E H C X Y I B E U D A T G N F E
P F I G Y G T R J T G Y V L C L N T R W M
E U O X S R I Z A K M R S M D T Q D A G A
L E S K U P E L H G H B E O B P I A T B Z
N W H Z R R A I H B M S G N U L V O E F X
U J Z U A H S L N D J O Q A E V L F N P U
E I K O X X M J N K S X K R Y P P P H B S
G A Z E S G S O A T N V X Y U D G Z V H S
```

INHALATION	EXHALATION	DIAPHRAGM
LUNGS	CHEST	AIRWAY
BREATH CONTROL	DEEP BREATHING	PRANAYAMA
CARBON DIOXIDE	PULMONARY	WINDPIPE
NASAL	OXYGENATION	ANXIETY REDUCTION
ENERGY BOOST	IMMUNE SYSTEM	RESPIRATION RATE

BREATHTAKING VIEWS

```
A M T P C Q X A R U S V N D X S W
F R G A T S I V D X X M D G O Q Z
Z R E N H T F I J B B L F Y Z I Z
R P C O P R Z Q E C Y H Z O S W T
G N I R I P S N I E W A K V I V L
H Z C A C Y G N I T N A H C N E L
D W B M T S Z G V A L L E Y Q N A
E G P A U C R S O U T L O O K I F
S L E M R E V W R U J N R H P L R
E Y M Q E N S F I E C F U Y L T E
R I F T S E R O F N I A R O J S T
T C F S Q R T F F D H C N Q M A A
G F W Q U Y R Y T P B C A Y X O W
U Q C L E P A C S Y T I C L O C L
B L K P F O C E A N V I E W G N V
X S Z L N L B A Q Z T U R Z Z R D
M T I T Z O D X J F T J J D O T B
```

PANORAMA	VISTA	SCENERY
PICTURESQUE	OUTLOOK	AWE INSPIRING
ENCHANTING	SUMMIT	COASTLINE
CANYON	WATERFALL	VALLEY
MOUNTAIN	OCEANVIEW	DESERT
CITYSCAPE	RAINFOREST	GLACIER

CALM MORNINGS

```
R C Z W N Z B V T I D T P P C Y D
O D I H V W I E K Y F J B R J K F
M C R I S P F M D B Q H D I Q S G
O F K Y V E S K I M W Z E I E O J
R L X X O V H L K Y I O U A G T O
G E H O P E F U L A H S L Q I R K
B W F L P B G O L D E N T L K T K
Y T I R F P J U I G K R R Y E F B
F T I Q E I F B D F A E B Z T M P
M T E A I S N E G T B U X Y N G E
D Y J V S V H V S M V Q H R A C F
I L A I L S M E A Y Z Z S U I D G
C N L P I E N V D C X V S P D E N
A B A L Y E V A J I C C E M A W W
L D E I R R U H N U O R N U R Y G
P N P E A C E F U L R I S E S V U
T S S U O N I M U L J R A Y P J B
```

CRISP
BLISSFUL
REFRESHED
DAYBREAK
MISTY
SILENT

MELLOW
LUMINOUS
HOPEFUL
PLACID
DEWY
SERENE START

UNHURRIED
RADIANT
AMBER LIT
VELVETY
GOLDEN
PEACEFUL RISE

CALM SEAS

```
X W J N H T O O M S A Z U R E K P D Y
A P Y N C D T M F O J Q M N W K U H B
A L M U J A N O Y C L A H T V A S T H
X K I Y F C B F Q Y I T L O B U P R Q
G Y E M T C A V G G R R F I H N J N S
N W N P M I H L I S U K X C V C N U W
O U M P S N N N M N G D I K N E B L A
Z Z X S T R O E R W L N C O I L M C V
I U A Z Q Q W U R R A K B S I M I Y U
R I P P L E F R E E S T Y M H I O R K
O F I O H F J S C V S T E Z C R S X K
H T S N L I G O F I Y D I R J R X B J
R D P E V V B O R T I L I B S O I L C
M M D L Z I A S L C Y O V U G R M U K
L U N A Z Z R Z L E N D T N Q L Y S Y
Y Z P X Y C E R U L E A N H O I U X N
Y E J N R R F U L F M L T A Y K L I X
G U E D I T W O L E O H Y N S E I S H
R Z Q H Y A Z P F R J P G V D I M Q Q
```

LULL	MIRROR LIKE	GLASSY
UNRUFFLED	AZURE	SMOOTH
RIPPLE FREE	CALM WATERS	HALCYON
VAST	CERULEAN	HORIZON
SUBLIME	LOW TIDE	OCEANIC HUSH
LIQUID SERENITY	SANDY	REFLECTIVE

CALM THOUGHTS

```
A A A S G D H F G M T N S A L F O G C X R
H S C I T S I M I T P O I R I A L I Z U K
E X X E N Y S Q W S M O S K R Q O H U U G
X Z G C O I T E Z X L C S T J E U R P Z Q
C S C N N Y L I N D D C N I P B P L P O U
E S E E C B G G R D O W O K T C W O Q L Z
P E C R H X Z U U A E W B N L I K K S L D
M N O E A E P N K N L S Y M T Q V X J E L
E W V H L K N T L E P C O D Z E H E C S O
D O H O A J M R U W L E L P U X N A H A C
I L X C N Z A O F M D D R A M S V T L N V
T L Y X C R H U D Q A E W T T O Q R Q G F
A E D B E W A B N Y D S S C U N C K C U S
T M V W Y T I L I B A R U T R E P M I V
I W U O R X U E M T Y B U Y C B B M X N F
V S Z S S E N D E R E T N E C O U E W I E
E B W C B V Q N Q V D K Z V X T F X D T O
D B A L A N C E D H W P J X D U C R O Y H
D T G Y E Q Q S U X S U D L K H G E B F J
W Q X G Z Y D S F V N A S U C V O W L H S
X B J R V U Z U N I I V N E J Y T T O Q L
```

IMPERTURBABILITY
REPOSE
CENTEREDNESS
CONTENT
MINDFUL
COMPOSEDNESS

SANGUINITY
FOCUSED
POSITIVE
BALANCED
MEDITATIVE
UNPERTURBED

NONCHALANCE
UNTROUBLEDNESS
OPTIMISTIC
MENTAL CLARITY
MELLOWNESS
COHERENCE

CLOUD WATCHING

```
J O T Z V C A V N O I T A M R O F D
E D V B G A U S Q A F S O M Z R J J
M F S E Y H C I R R O S T R A T U S
N G X L R P B U T I G U G F G Q Z F
H N A A E C S K D M E L J Y I H S G
F I O Q B P A I O O F U T Z B R V Z
S M Y C R B B W W W K M C M L C D U
W A M L S T R A T O C U M U L U S O
G E U U N Q G Z Y P M C H U X M E G
P R K D S U L U M U C O T L A U R I
S D H O U Q Q Z L K E R H G L J S Z
N Y R O R X X U Z P A R Z X Q O R T
Y A E Y R D S S U B M I N N O N X R
N D H N I E R B M Z M C R A X I W A
J M C K C P O F E F V O T Y A M S T
E Y Z S V U N Z R N I M Z K K B Q U
C W S K Y G A Z I N G I N X Y U H S
P Z E Q F H Q L Y M B T O D G S J H
```

CUMULUS	STRATUS	CIRRUS
NIMBUS	ALTOCUMULUS	STRATOCUMULUS
CIRROCUMULUS	CIRROSTRATUS	CUMULONIMBUS
FOG	HAZE	SKY GAZING
WISPY	AIRY	FORMATION
OVERCAST	DRIFT	DAYDREAMING

COLORING

```
O Q V K Q D M Q L C B T S D N F K F T
B C T A R I F T M T R D Y T B C T P E
O A O V F F U I E P M A R K E R S Y T
J Q N L H H V T Q T D E Y N Q N C G Q
M J E U O N W K N V I F Z O K O C Z H
N E U M V R Z S O E V N E A N H Q I T
U P H P A L E T T E I M T T L S M G L
L Q X E O B L D I S V D R K D N D H P
V S O S T N I A P K P A A O P O J A M
X S Z Z V I I D Y E S X J R M P R K M
C T Y S E J K K K T N F P X G H R M D
E I M Q F L W G N C J C L Y N C T B O
K I E F M U K X D H I M I M X S R S C
H I P T X N I W N B F R M L Q D D C H
I V M H B F Q C Q O C K W Z S A A B M
H X Z O E N I N G O Y Z K H S N F D H
G W S V L V C Q G K Z A E L V Z D V B
T M K Q P B G R Q E M S R A D U J H K
I Q V O D N E L B Q O X S C Q H R T E
```

CRAYONS	MARKERS	COLORED PENCILS
PAINTS	BRUSHES	VIVID
CANVAS	PALETTE	SKETCHBOOK
GRADIENT	DYE	STENCIL
HUE	TINT	TONE
BLEND	CONTRAST	CRAYON

COMPASSION

```
N Y S G U P C F T M Q J Y T I R A H C Y
B H U N U V X P H E A R T F E L T M O D
B C P I N U A A D M G U V S B A L G N B
J J P V C N L B R Z A A C P S S V D S I
X C O O I T W D B H M I I A I L Z O I G
E L R L R M D B K G V X B H R S I G D F
Z U T U F H Z Y C N E I N E L I H M E H
T W I J P H I L A N T H R O P Y N A R A
D S V P F C H C U K A U C Y F Z C G A I
M U E C N E L O V E N E B W I O F N T Z
G W R P K E S S P F O J B L N D N A E C
H Y P T M Q R Y L Z I K S S Y W E N G I
I L A E S V I U M F S F O E T U Z I Q M
R S N M J A S P N P S L V G I T Q M F Y
S C S S E N D E T R A E H D N I K I M Z
Y M H W L N W Z J T P T E G A D Z T J I
D X F T D V F B I D M N H W M O D Y F G
E G A Q E E K O D S O V U Y U O N V Q E
S C E R D Q N C K N C E N J H B O S S Q
H E L P F U L S I K Q Z N D U H E M E I
```

CLEMENCY	MAGNANIMITY	KINDHEARTEDNESS
PHILANTHROPY	SYMPATHY	LENIENCY
CHARITY	CONSOLATION	ALTRUISM
HUMANITY	BENEVOLENCE	COMPASSIONATE
CONSIDERATE	HELPFUL	SUPPORTIVE
LOVING	CARING	HEARTFELT

COZY HOME

```
J B Q X Y S N D G Y D B Q Z F B A
Y Z Z U F S H O M E L Y M B F A C
L P R W I D V E S R U G G Z Y E C
I G L F E S A N C T U A R Y K X X
M P D U L M H J F N A U S H O U J
A E W T S E S H S K C L O T O G Z
F U M Y P H E K I G A D G N N T U
S V V O H A P C N H E B J I Y R N
A E R W R E H I E T S E G A A C C
R E K T F I M O L I Q N D U J U Q
H P H X N O E I U L O Q E Q K S Y
P F C Q C X U S T L O K L D X H D
T Y N L L Q Q E E F W W T L E I A
N J E K S U V B K Y X L S H M O Z
X W G O N Y X T J V J J E S C N J
N D Y N G A U V N T V O N Q V S A
M R A H C C I T S U R M A O P B D
```

NOOK
HOMELY
FAMILY
NOSTALGIA
QUILTED
NESTLED

WELCOMING
CUSHIONS
FLEECE
MEMORIES
RUSTIC CHARM
PLUSH PILLOWS

HEARTH
FUZZY
BELONGING
QUAINT
SNUG
SANCTUARY

CREATIVITY

```
F Y I P X B T R G X R Q Y D D D S M C B
J W L N C I N O I T A V O N N I X F G Y
R T E I G R L Y R E Q S C L E X A D M Y
N J E X P E R I M E N T A T I O N I I R
W R V R O H N L C L I N B U I B O W V T
N N P O Y F W U D V O R G Z B E I I I S
Q G V H J H R Q I I R J L Z G H T G S I
P H S A I I Z S T T P Q A Z E T A K I T
Z N L M O Z Q N Q F Y U S T W F S O O R
H I S S E N E V I T N E V N I O I V N A
S Y I N B V O P H P E E Z A U T V J D U
E T U U N B E Y H K R S D B B U O M P Y
Y G R O M K R A P S E Y U R M O R C F J
Z F C B N O I T A N I G A M I Z P A V U
Z N H C J K T T G N K M Q G J W M S F C
U Q X B I S I S Y T I L A N I G I R O Z
C L E B H L L W L N B D L E I Z Y C G Z
P G T N I R P E U L B P O Y V A D D A X
H K T T H C O N C E P T U A L Q J M M L
V X Y U A T J S G X O S J F B G K K H U
```

CONCEPTUAL	INNOVATION	ORIGINALITY
INVENTIVENESS	UNCONVENTIONAL	IMPROVISATION
CURIOSITY	ARTISTRY	INGENUITY
VISION	EXPERIMENTATION	MUSE
OUT OF THE BOX	VERSATILITY	WHIMSY
IMAGINATION	SPARK	BLUEPRINT

DAWN

```
F C T X S K K P I J S R L Z K U E A
C J F N A P G W U T O V M C P E Z Y
N D I H O J M O D N J I G O K A E O
C P R S E I K S R V U F Q Q U E D
V B S D H J T R M K Q S R V F T R J
T R T P S O Y A D F O K A E R B B G
L E R S S G N I N N I G E B W E N O
L M A J K O D R A I Z N V D N I W L
A M Y R U S O G Z V M B O I Q T A D
R I H H L M A Q N K Z U I V I R D E
O L G H Y Y E P W O V B L G D M C N
R G Y S O X L S C E S O E L N Q G H
U F Z C E R U I E B D D Y Q I I X O
A W A K E N I N G X I D R T G P M U
M H K A R M N Z H H W K E I A J B R
O P Y I Y R G K O Y T D N F B Y X B
T A S A H W G Z M N N P X R A J S F
U E C V J I V K A O X I W N R I W W
```

GLIMMER
HORIZON
NEW BEGINNINGS
SUNUP
EARLY LIGHT
DEW

BREAK OF DAY
AWAKENING
SKIES
FIRST RAY
GOLDEN HOUR
SUNRISE

DAWN BREEZE
AURORA
MORN
ILLUMINATION
BIRDSONG
EOS

DIGITAL DETOX

```
Z R E Z Z K Q H G C V D Z K U B S A W
B P L S M D K E H T Z A D G P O Z Q T
D M V U D F E L I E P I C N U G V I D
P I Q T Z O U T D V S E Q E L T Y N L
J S G A I E W B C C B I G V M S P S S
Y B A I Z S E N O A U J H X K X V C E
R S L H T N F N T N R E P R I E V E Y
E C Y H R A N V A I M T D I Q C Y O Y
B R X C S E L B B I M F S E S U A P G
A E L E C L V B T C M E D I A F A S T
L E P T Z C N G R Z S N P C D G G O Q
A N T N D L H Z U E G L C U W N T F B
N F D E T A R B I L A C E R Q A U F Y
C R X O B T E H O I P K Z Z W X U L E
I E D N J I X E G A G N E S I D N I J
N E D B U G V F R Q P F U L H L I N I
G X M X L I B E R A T I O N L S K E S
H E U Q G D V X D E G G U L P N U Y W
E B P F U L T C E N N O C E R P N Q T
```

DISCONNECT
DOWNTIME
LIBERATION
DISENGAGE
DIGITAL BREAK
MEDIA FAST

UNPLUG
UNDISTRACTED
OFFLINE
UNPLUGGED
REPRIEVE
TECH HIATUS

SCREEN FREE
RECONNECT
RECALIBRATE
DIGITAL CLEANSE
PAUSE
REBALANCING

DOG WALKING

```
P Y N J N B V F R B O N D I N G A A Q
T H Y H S I R N N E P I B E S N I F F
A E L D A Y L Y Y P L S S S M I N Y Z
A C J N N O O M O H A W U S D G H D Q
N C X B V V P O C T Y A P E R G K J I
L P B T B P P T I G T P G N B A O T W
C O W M R B E I H G I L T R T W U C U
P T N T A F C S H U M R L A W U Y K B
V T G G Y W A T V S E E C H J L V E S
R Y F F B E N I W A N F A K H V P N M
E B P C L C I F T F K O J I U M D I O
L R E S P O N S I B I L I T Y H W T R
U E R W D K E X H I G J L N E T Z U M
R A L L O C N O I T A Z I L A I C O S
S K J O Q X C R A J W B E F K P F R D
L W Z X J W C A E O V S Z K P B M A W
Y Z M G X V O T X E C N E I D E B O G
Q B R O C C E T F M H H Z H Y M M L C
Q R O X A L Q V Q W Y I T T I Y N Y W
```

PAWS	WAGGING	CANINE
SNIFF	COMPANIONSHIP	PLAYTIME
FETCH	ROUTINE	RESPONSIBILITY
BONDING	SOCIALIZATION	LEASH
COLLAR	TREATS	POOP BAG
OBEDIENCE	HARNESS	POTTY BREAK

DOODLING

```
V Y H N O E U W V R G K H Z J R H
S C U Q C Q F T Q S H A P E S Q R
A S G N I K R A M R T A Z X T V D
C L X N S V D E S U C O F N U X L
P R P I N G F P R J C R L S B C L
X I Q F R X Z G X T W U I B O V G
V W Z R E Z O N I N G O U T K X G
T S K E T C H I N G D Q D G F N N
J G G E T H G L O U O Z R B Y R I
V L W H A S P B S J O T U S I A W
S C K A P N N B M O D E R O B V A
I N I N U W P I T J L Y Y S T Q R
N U I D V H N R G Y E S T Q L P D
G V U F R I Q C G R P R E U S P M
Z G P I L L U S T R A T I N G M Y
U V S E V R U C M C D M N Z I Q Y
L G F X L O I P T D F O Y K I L Q
```

DRAWING
DOODLE PAD
ILLUSTRATING
SHAPES
FREEHAND
BOREDOM

SKETCHING
UNFOCUSED
SWIRLS
LINES
MARKINGS
CURVES

SCRIBBLING
MARGINS
PATTERNS
ABSTRACT
ZONING OUT
INK BLOTS

21

DUSK

```
F K J I L X S P F D O G N H M O O C K D
T W B B K J K M L N N D K X X X E C I
B B Z W E J H Y R G I I T D T X T W R M
H T F W V U S S G J L G G C Q K W H E M
Z I P F Y B U T E K E E H H T W V N P I
I M W Q D J H E G T S V N T T L Q W U N
B M O K O W G R V T T G E O S F U U S G
S N L J D F N I E U S E Y N C H A S C K
K P G L F M I O Q K W I U K F Y A L U O
B F S T O R H N U D R O A B O F A H D L D
U R E T U C E S E B D F P B H G L Z E C
O J S W H T V V E M A T M F Z L M L R K
U L N H I G E I N R H E E U N R I H T T
F R U Q W N I U E G S R B S X D U S K Y
B V S Y S U J L I A Z G Q C H F X G Y P
D K G O M U L L K K L L Z A R E T M L L
M N N X F J F X S S N O C T U R N E Q I
Y G V N F L N B C Q U W O I R L E X Q H
T X D U A J M P W Q W D I O N Y W Q O Y
Z C H H T H G I L I W T G N I M M I D K
```

CREPUSCULE	EVENFALL	HALF LIGHT
DUSKLIGHT	SHADOWS	SILHOUETTES
DIMMING	OBFUSCATION	NIGHTFALL
SUNSET GLOW	NOCTURNE	EVENSONG
AFTERGLOW	NIGHTSHADE	MYSTERIOUS
DUSKY	EVENING HUSH	DIMMING TWILIGHT

EMOTIONAL BALANCE

```
C E U G D S N O O A J H U D E N G G Y K L Z
T A N U E E U L J E S O T U N A C L L E R M
B E F U T Q I F B P O W T Y O S P J L B Q T
Q L L X A G A P G U W E T X I Y U U X E C O
Y K U E L M F S B G Q I A J T N F P W H W R
Z R S B U C E I G U V Y Q E A O K L P I O Z
E T T P D J R N A I U X S S R M Y F U S T P
S U E E O E J N T K H L Y S B R D Y V S Z R
M A R M M Z I C Z A L T T E I A S Y I G V E
O U E S P M A A Z I L N D N L H E M X O Q D
A I D G I E Y I K X G F F D A R L E S U P H
X J E T R Y R S R T R T O E C E F H I F Y N
E H Y N D H G A L R S S V R R N C P S E D N
C Q O O B N E O N A H T Y E T N O L S R U K
N N A B I X W U H C N C G P Q I N J E X Z P
E L Z P G A E B S D E O D M S Y T N N L I W
I S O T O N I C I T Y R I E P U R U I V J N
T C G N I K N I H T E V I T I S O P D J Y J
A C Q J R E G U L A T I O N O Y L V A E J P
P N O U R I W P C Z G H I E Y M W P E O U X
R W L B I L L Z A G B P C V A J E B T S R J
V M S M K Q P O K H C O Y E Y L F I S Q G S
```

EVEN TEMPEREDNESS	NONREACTIVITY	MODULATED
EQUIPOISE	UNFLUSTERED	ISOTONICITY
INNER HARMONY	REGULATION	SELF CONTROL
STEADINESS	EMOTIONAL SYMMETRY	CALIBRATION
EQUANIMITY	TEMPERANCE	COPING SKILLS
POSITIVE THINKING	MENTAL FORTITUDE	PATIENCE

EMOTIONAL INTELLIGENCE

```
D V M J I T B C V Y Z A R H J I L E E Q J S D
V K D E I G E S K G O D F D V L M M B E A S K
N R A N P T K S A V N C V P I D I S Z L H I N
F W T U E C F M U V J M J N Q R T A A E E H Q
E I N T U I T I V E R E A S O N I N G T M B F
E M O T I O N A L I N S I G H T B U W L P L Y
C L I A S O N V B A L X F D X G N H Y E A G T
O B T U V H K V I K W G E W S I I Z R A T A I
M D U K G R G J R U J T G S B D P S E D H G V
M T L S B L J O X F M Z E S S S P Z L E Y I I
U N O U L R W Z K R P N O P Q I X U A R U P T
N A S K V M O O D U L E N D C B Y Z T S A Q C
I N E A A Y Z C F U A U A A S C U U I H D F E
C T R E K W O Z F X Z I C V F F W A O I T R L
A G T D F H K D I A E I L C K T X W N P P T F
T Z C P B G N I K A T E V I T C E P S R E P E
I V I K W I F O O Y B A J T V B U Q H X J E R
O A L P M J D D E C I S I O N M A K I N G H M
N O F Y F N J U R T R P G P L O E Q P N J D D
Q P N P Q P E N N S L L I K S L A I C O S T D
H C O M P A S S I O N D G S I C T C A K D N T
O S C A G H T L A N O I T A R S U P R N N Z Y
P A W E G E G D A U P P W R I V M D E P C N F
```

EMPATHY

EMOTIONAL INSIGHT

DECISION MAKING

CONFLICT RESOLUTION

MINDFULNESS

LEADERSHIP

PERSPICACITY

INTUITIVE REASONING

COMPASSION

COMMUNICATION

ATTUNE

TEAMWORK

SOCIAL SKILLS

REFLECTIVITY

LIASON

RELATIONSHIP CARE

PERSPECTIVE TAKING

RATIONAL

FIREPLACE

```
M A N T L E R L A V Z B P U S E
W N E X M O T L V R O O B K S N
X E S L H A D M Z W U A E E D N
G N I R E H T A G G Z G L T N N
L V P H N C U R S L J A L M I R
R J X K O F T Z W R N T O H M E
E Q Z K T T V R F O E A W C C D
T G L F S L S E I G U D S I S O
N Q I X H U U T R C L R N H Z M
I G K O T W I A E W G T J E E N
W V M B R D T Z G Q I C L C F S
R R I E A E T W U M V O R R H M
L V T R E L K C A R C V L S K O
L N T I H A V C R B N Y N M S K
W R Z F P G Y G D W U W F J A Y
F I R E W O O D R U R C O X O J
```

GRATE	FIREBOX	MANTLE
HEAT	CRACKLE	BELLOWS
FENDERS	ASHES	INTIMACY
GATHERING	WINTER	FIREWOOD
SMOKY	HEARTHSTONE	TRADITIONAL
MODERN	ELECTRIC	FIREGUARD

FLOATING

```
W A F T I N G N I B B O B C X W C T G
S L G Z F P B X Y X T X E S Y V K S V
I I L B O E F A J F T H V B G Y O G V
B X R E N V V U F A K H Y V F A Z N O
T C X C A I D J X O S C J L R W E I W
N O I T A T I V E L N E F I V E Y D I
U C L G G A Y X D D G A N V S I J I L
C F U N N W D P D D G Q S Z G D L P
Z V U H I I G D A F V F Q Q A H J G T
C S K J T G T Y U I N W C J F T M F R
Y X W O A A V A R E R I S T G L I R V
F T G K O M D L R E M B V K J E D O W
L Z I R L I N Y O A V E O T G S R P N
C U W V F N D L I J L O P R H S J J O
L Y C N A Y O U B L L I H F N N X B W
W E S C A R Z F O Q U P H B Q E E R F
N G K D Q F G Y F L C U D X I S Z F H
U L O N O I T O M O C N L O E S A F P
L I J V J D E J D F E C D Y L M B S O
```

FLOATING
WEIGHTLESSNESS
JOYFUL
LEVITATION
GLIDING
GRAVITY

FREE
BOBBING
AIRBORNE
IMAGINATIVE
CLOUD
MOTION

BUOYANCY
WAFTING
EXHILARATING
SOARING
HOVER
SENSATION

FLOW STATE

```
J G K M M M D Q M I L B I X V C G L Q C E
M G L Q J A S G C T D J G S X Y H B I B E
C I G M A E N O I S E H O C S Y H U L V Q
F N C P E C N A M R O F R E P K A E P A K
P T T N S D A U N Q Q S U E M D G C G K H
P H M S S J R Z M R G R C R Q X P X N Y
L E F I E F V J X X G F Z T P S W C T J A
F Z W M N A J Y Z A O N E C F Y O L X V C
J O Q M S B M Q R C M E O V L N Y N K L T
F N L Q S R G L U Y T I V I T C U D O R P
M E P F E Y E S E F L I E I S H Y O D V B
P J J Z L Z K S E S B Y N O D R N C L B I
N R W Q T A L R O P S U N Z X O E P K Y E
A B S O R P T I O N U T K S N O M Q W P
L K F E O G T O Y M A Z E I S I C U B I M
D J F O F G K X G R Z N N S H Z Z I B U A
B W O L F M C E W M T U C C S A D N Q J S
S I N T E G R A T I O N X E L T A U L C T
X R K S S E N S S E L E M I T I N Q X G E
F G E N O I T C A S S E L T R O F F E X R
H H Q O T M T N Z A S Y I T N N C K U H Y
```

HYPERFOCUS

SYNCHRONIZATION

IN THE ZONE

INTEGRATION

CONTINUUM

RESONANCE

UNISON

PRODUCTIVITY

TIMELESSNESS

EFFORTLESS ACTION

MASTERY

FLOW

ABSORPTION

SEAMLESSNESS

EFFORTLESSNESS

SUBMERSION

COHESION

PEAK PERFORMANCE

FOREST

```
L  J  J  K  H  L  R  I  P  L  P  D  V  U  X  W
K  S  W  X  Z  K  P  V  D  P  A  G  D  G  J  L
P  V  D  J  N  H  C  A  N  O  P  Y  B  P  N  I
T  X  R  I  N  D  U  T  W  A  C  F  K  M  R  E
I  L  H  S  U  R  B  R  E  D  N  U  K  J  E  D
M  Y  R  B  G  N  E  H  C  I  L  K  P  N  F  A
B  I  E  O  J  N  D  K  X  A  B  E  U  O  Y  L
E  W  V  E  Z  V  E  E  W  S  A  P  L  I  N  G
R  O  O  L  F  T  S  E  R  O  F  I  S  A  G  B
C  M  C  O  D  I  I  Q  R  G  A  N  R  G  T  V
M  G  D  E  D  A  H  S  G  G  R  D  M  Z  E  F
U  W  N  E  A  S  R  F  E  E  R  O  O  A  K  R
A  S  U  U  E  T  C  C  F  Z  S  E  W  K  C  J
W  O  O  D  L  A  N  D  S  E  C  A  V  T  I  W
E  G  R  L  X  B  U  X  P  R  X  S  Z  E  H  H
N  U  G  M  Y  X  D  X  R  I  W  X  V  Q  T  N
```

UNDERBRUSH	TIMBER	THICKET
FOLIAGE	GLADE	FERN
EVERGREEN	SAPLING	FOREST FLOOR
LICHEN	OAK	SHADE
CANOPY	UNDERGROWTH	GROUNDCOVER
WOODLANDS	FERNS	WOODS

FOREST BATHING

```
I Y W A A W M M A H C M X S V X F Y Z B R L
S P W I S I T T I N G Q Y X E B R S G E A S
W A F G S Q K N A T U R A L I S T I C H W L
T R P A U E F M S K B C N D M Z N O E J R Y
H E T K L V N H N V Z F S V Z S U E G Y I D
R H Z N R D T S R Q F Q X A M E L J S T Z F
V T H A E S B K O T M W O H U G A Y S G C W
F O T N E M H C I R N E V Z R H E R W N U M
S C R R W D I F J F Y R E N E E R G J I I S
V E T K F O T D G Q I E B E V D O H T D D Z
U Z A R L S K M O V V E N P I M B I A L L S
X N L R L U S V N B M Y G G T Z R R E I Y S
N R K G T Y R B K L M Y G V A H A D I W N H
V A I V J H R G H S J E U Q L G B W R E V B
I S T H M E I X M G B D X M I V E F E R H H
O O G U S T A N D I N G W F Z D L M V V V P
X A H Z R S E R E N I T Y W A L K Y E G G C
A K E V J A V R L S K C J Q T J I A R N Z X
J I Q B N A L H U C S G R A I D J L Q G T S
D N A K W T K E V W Z L K P O Z U X D Q P O
E G S Y O O I E H N W V P R N L E K U R W L
H A P F O R E S T I M M E R S I O N E E N D
```

EARTHINESS	ECO THERAPY	SOAKING
GREENERY	NATURAL	FOREST IMMERSION
SENSES	REVERIE	ENRICHMENT
SERENITY WALK	SENSORY ENGAGEMENT	REWILDING
REVITALIZATION	ARBOREAL	NATURALISTIC
SITTING	STANDING	EMBODIMENT

FORGIVENESS

```
A P K L P Z K P E A C E M A K I N G I
P R R N A Q E S R O M E R S O H I Q K
R E D E M P T I O N S E Z P X H S R I
P P M C C Q C C Y H N Q S X P A P C T
V A I N Y O E M Z N O D R A P H I M N
V R N A O Z N A N O I T A C I D N I V
Y A O T I I T C C X T J S V H D O B W
K T I N R H T M I I A V A X Q O I B D
C I T E I E C A J L C P E I X V T Q O
O O A P C C C I R Z I O O B V N A U U
N N P E G M X T F O F A Y Z L P R N C
D J L R E H V D I T I J T A E U E H L
O C U R R J T W R T R L M I P W N R J
N S C N W A D B S A U F E Y O A O S K
A Y X S Z W G Y K G P D P M F N X K C
T N E M H S I U Q N I L E R A J E B P
I C V P G N I N E D R U B N U H P C N
O W U G R U E H C I J P R K E X E V J
N S I E W V E C N E T I N E P T N G D
```

PARDON	MERCY	EXONERATION
REDEMPTION	VINDICATION	REPARATION
CONDONATION	PENITENCE	RECONCILIATION
PEACE MAKING	REMORSE	RELINQUISHMENT
PURIFICATION	REPENTANCE	RECTITUDE
UNBURDENING	EXCULPATION	AMELIORATION

FRESH AIR

```
W S S E N I L N A E L C P E M B N
J Q E B J H O X Y G E N R O V M I
O P E N S K Y Z H N P O K M K C R
I N V I G O R A T I N G B K L F K
V W T I X D A G F Z I A M S X O M
X S T J L L J M P I Q O E I W G S
Y I E L I I E P M L N D A R O U B
U G K V G S K Y W A R D D B Y S R
K R E M H E W P N T H Y O N S T I
M O U N T A I N A I R W W I S J S
A L P I N E W G F V Z D S P E R K
J P L P E C G T F E M K C P N V N
I V Q I S U B N P R L H E Y L U E
S Z P O S A R N X R E J N D O T S
X V S Y J B Y S R O O D T U O D S
T B E X P N H G D W N T E S C U N
Y U N P O L L U T E D Q V C O U D
```

OXYGEN	OPEN SKY	UNPOLLUTED
BRISK	COOLNESS	MOUNTAIN AIR
LIGHTNESS	GUST	MEADOW SCENT
ALPINE	NIPPY	CLEANLINESS
OUTDOORSY	INVIGORATING	SKYWARD
REVITALIZING	BRISKNESS	ALIVE

GARDENING

```
D Q Y P I D O G V P I C D I O N
N G O L T R O W E L G P N E P P
V N A C N D N R G A N O G H J L
I I D R O K D N E N I K Q E X X
P T Q Y D N C E T T N G A R U K
A T G G I E L G A I U W D B O C
Z O W H D Z N N B N R S Z S C D
Y P R P C I I B L G P L A Z M T
L J M S D L G B E G M I P W O H
T V C E L G U Y S D E K A D H G
L G E O B X E M W N O H V A R I
K W P U M H P O S F Q K R O L L
N X G O Z P J L Y F P V W I F N
T U O R P S O E D D E I O G L U
W B R Z S O D S E S N S E E D S
X U I N T X V X T G S S M M S R
```

PLANTING	GROWING	MULCH
PRUNING	SOIL	SPROUT
SUNLIGHT	TROWEL	COMPOST
VEGETABLES	HERBS	TOOLS
HARVEST	WEEDING	SEEDS
POTTING	POLLINATION	GARDEN BED

GENTLE BREEZES

```
Q B E R P A X Z T Q B F S T M Y P
L D R R F F U P L A Y F U L V E T
F W N E L F L J C A H E B O B Y B
L C O D A O P W L I G H T W I N D
Z Z E L O T I H M M Y O L A M M E
V E S C F T H A O R S Y E F U J S
K Q E J A E E O K O W X B T R U M
B W F A S R L T F H J K R D M N L
D R A F T X E T I A O T E M U A P
F X G S O B G S N V I K E P R I T
I L R K Y U P U S E K R Z I V L B
R I U W S E K L E I G H E U U O B
A Q E T R T H O R B N R W D O E L
J Z I G T S B O D U M G T M P W K
L R Y H P E Z E E B J W G B D V Y
R B T G V Z R V W R U F W G Y J X
H Q N D I X X K B C B P F E I U W
```

SOFT GUST
BREATH OF AIR
PUFF
PLAYFUL
AIRSTREAM
LIGHT WIND

ZEPHYR
COOL
SUBTLE BREEZE
CARESSING
DRAFT
GENTLE FLOW

MURMUR
WAFT
FLUTTER
WHISPER
SUMMER
EOLIAN

GENTLE MUSIC

```
E R S K E N U T L U F E C A E P O
M U K A M Z Q B A K B W A T G B O
O R Y Q L G N I T F I L P U D Q O
T U I X I P N O N R Y K H K L B X
I Q T P F L U T E J B G S M X C A
O S G Y I Y N O M R A H T E I U Q
N G O D V A N T U U L A H L I Q Z
A E A F Q W N U R G L D E O R A P
L D D L T F A O T B U M R D L V U
S W I A G M Z C S S L V A I B J E
P Y Y K N F E Q N A D R P O T U X
K P E T I E R L I K W E E U Q X O
K I Y E H A R M O N I O U S L I Y
G B B C T C Q E U D I D T D N X M
A I J L O T I E S Q Y P I H B B R
U D N U O R G K C A B E C O A U C
Y R A D S J E X S I T A R T V B S
```

MELODIOUS

LULLABY

PIANO

BACKGROUND

EMOTIONAL

QUIET HARMONY

HARMONIOUS

SERENADE

FLUTE

SOFT MELODY

THERAPEUTIC

UPLIFTING

SOOTHING

PEACEFUL TUNE

INSTRUMENTAL

DULCET

SUBDUED

SITAR

GENTLE PATHS

```
Z Q C T W O O D L A N D A V E N U E H
S H T C O R L P P M S T Z M N Q Y W O
H B C Y D G N I D N I W X B Z I A G W
A R Z C A E H T A P T O O F H S U L T
D Z F Z Q W T U U R I P R S Y A B M A
E W K S K O W S I J T X O D O A P U X
D H G S Q D A O E D Y L D E U E P Z
L X N B U H P B D R L C I T V N W Y T
A Z I F I F L D O A O K R U O I U J X
N O R T E T Z U R U E F R O Q T G T C
E T E N T I N U N X O M O R E N X R Y
H S D S P J R T M U E E C D F E A O I
L D N C A G R I P O Z O Y E S P Q R M
V T A E S Y N G E I S K S L G R P F T
F B E N S E C I P P O C S P S E X C W
V D M I A C K K D M F U O P T S J E P
V G D C G K U I J N C D M A K L T S N
A E F L E A F S T R E W N D P Z J N R
B T K H F C R L N J T W J O H Z J Z V
```

WINDING   SERPENTINE   MEANDERING
WENDING   LEAF STREWN   SHADED LANE
SCENIC   FORESTED   RURAL
COUNTRYSIDE   MOSSY CORRIDOR   WOODLAND AVENUE
TRANQUIL TRAIL   QUIET PASSAGE   DAPPLED ROUTE
MEADOW WAY   COPPICE   LUSH FOOTPATH

GRATITUDE

```
Q G C F B L E S S E D A E T U B I R T C C
C T G H B K U N G O D A M S D S D T B O O
O H R E V E R E N C E O P C F A U X U N A
N A B O A F F E C T I O N T O K E N S N N
T N E W W H W S P E L I C E E R L U N E I
E K Z E F B I S J W F V Z M G W V Q T C F
N F Y G W T H A N K Y O U C A R D S Z T U
T U P X W R H D N A V M T S X D Y F I L
M L P V V J Q Q D C H N R P S R G R L O F
E N Z O K D H F H S J M G T E R R F H N I
N E V B A T R G P W Z W J W M Q A H V I L
T S M L L A N R U O J E D U T I T A R G L
I S C E N J L A J C O A V N L S I T B R M
Z U U S U V Y T I S O R E N E G F D L R E
G Q R S M L A E F N I S P X F D I Z U J N
X A W I W B D F R H Y N D V T S C E K K T
T H A N K Y O U N O T E T Y R S A H T F L
M L T G Y T I L I M U H K O A F T S L N E
D V A J Q O T T E V L R B E E U I W O S U
I O N A X R U G P Q M D J H H A O U J X L
V N N R Z A P P R E C I A T I O N H K A J
```

THANKFULNESS APPRECIATION THANK YOU NOTE
GRATITUDE JOURNAL CONTENTMENT FULFILLMENT
REVERENCE TRIBUTE HEARTFELT MESSAGE
BLESSED GRATEFUL THANK YOU CARDS
HUMILITY GENEROSITY GRATIFICATION
BLESSING JAR CONNECTION AFFECTION TOKENS

GROUNDING

```
G D U W R X Q S X R A I D V K M C T V U V
E Z M D D U T Y A J Z Y W Q B B B C C P J U
J F J R O O T E D F Z J K V B O A X O P S A
S X Z U U S K M Q A E Y N W Z D S N R S A A
S T E R R A F I R M A T P M S O E Q E B A A
E Q E V O O D K A A L J Y W Q W L D Y R H N
N L K G R M A M E T Q T Z P I O I C U A B C
D A U A P H Y K I G I C H W I N N Q L A I H
E A J X C P R F J R Y V L A P O E M L O A O
T L E T Y L Q C U O E R E G R I S A X K M R
O F O C Y R O C Y U N X T G E T T A K H C I
O O Q L R K E M A N A E N R S A A P I H F N
R B C P J S D D R D I I K A E D B W L I A G
X Q M R D D E L F L R C H V N N I S I T A A
Y T I L I B A T S E R O C I T U L L D T C D
W D Z D T I R T H V H B H T W O I B Z E G Y
C H U D C N Q T F E M D J A L F T G B V A A
V O P R Q P E N R L H Z K S P Y Y B H B F W
G O C X R T S F A G R O U N D E D N E S S D
Z V E C I F W A T T U N E M E N T Y B S B V
N B H Q L B A G N I H T R A E O W S W A W T
Q H B V G N D X B J Z L M K D Y L J S F D J
```

EARTHING	ANCHORING	ROOT CHAKRA
GROUNDEDNESS	TETHERING	BASELINE STABILITY
TERRA FIRMA	ATTUNEMENT	ROOTEDNESS
GRAVITAS	GROUND LEVEL	SAFETY
SECURITY	CORE STABILITY	CORE
FOUNDATION	ROOTED	PRESENT

HAPPY THOUGHTS

```
M P C V O S E R U S A E L P E L P M I S X C
L P L T S Q Q H D Z G U Y T I C I L E F E Y
R W Z P X S C Q U N T E R W A B Z I S Q K J
C D G J G Q S S E N L U F Y A L P G S I O X
J H A P P Y R E U N I O N S J D G H E Q R B
W T I J Z M P E N C Q Q R O R J O T N Q I Y
Z R I L U S P E Y S R V Y G R B H H L C G O
N I W Y D R T V Z T U E D J P M J E U A N H
J M Q Z W H Q N M N I O J F G Q Y A F P F P
O V T B T S O Y E E C C Y O S T K R R G D L
U X C U Q M C O A M F S A O I S M T E P J T
M N M A Y U K E D O O I V V J C O E E K S C
U R X Y X K U Z P M J M E V I A I D H W A L
M T Q M U W L S X C E L E R Q V L N C I U B
N N O I T A L E A I C M X E M D Z E G T N J
N N T V Y R A A Y G N N O C R Q A S Q R L G
C I G Z K M M T J L A T V R B F B S T T L I
I S V S I H B R P A L L O J I O E R S Z Y L
B B N O U U E A E T I Z D T N E Z R Z A Z D
D E J A Y G S U I S B S Q Y N K S Z A B C D
S N H E L S T Q N O U E U P H O R I A C Y P
C E N O U K B H W N J H C C J K Z I H E M B
```

EUPHORIA	JOYOUSNESS	FELICITY
ELATION	CHEERFULNESS	MIRTH
JUBILANCE	LEVITY	LIGHTHEARTEDNESS
VIVACITY	REJOICING	CHILDHOOD MEMORIES
WARM HUGS	NOSTALGIC MOMENTS	PLAYFULNESS
SIMPLE PLEASURES	HAPPY REUNIONS	CAREFREE MOMENTS

HARMONY

```
H G N E O T X F S W T J A T Q O Y R O
S A G R E E M E N T G M N B V A N C C
E W R O N E N E S S E C O N C O R D N
L H K S T S N L T L X N I R H N X G A
A O W U S D J I D O T F T A Z L C Z U
G L L I L E S I P V B J A H U Z B C S
R E W A U O N C H Z E X R L S L R D Y
W N E S E G C S W Y C G O B A Y A S N
B E H N M D K S U O U W B C V R U Y E
H S T Y I U I O A O N T A B K E W M R
Q S C R R I I H F X I P L H W D J B G
M C G T U Q D R T K T N L C K R X I Y
E W H E Z Y M E B X Y A O N T O S O J
L K C M J Y B Q F I R T C M S N M S Y
O C O M P A T I B I L I T Y R Z J I C
D V W Y H B L N K Z A I L B Z A A S G
Y U E S H P G O V C C M U P O R H O X
R X H S C I N O M R A H S Q J T X D B
C L B M D H X F N O I T A R E P O O C
```

SYMBIOSIS	MELDING	UNITY
AGREEMENT	CONCORD	COMPATIBILITY
SYMMETRY	HARMONICS	MELODY
ORDER	EQUILIBRIUM	ONENESS
COOPERATION	COLLABORATION	SYNERGY
HARMONIOUSNESS	WHOLENESS	IDEAL

HIKING

```
J  B  B  B  A  R  X  M  U  B  W  O  N  M  Q  S  E
S  X  H  P  A  T  H  I  O  B  V  C  A  F  A  C  Z
U  U  I  X  B  C  I  U  Q  B  A  N  T  K  R  R  S
T  R  F  E  W  F  K  W  O  R  I  R  N  O  T  A  B
N  R  B  M  P  L  I  P  B  M  A  Y  S  R  Y  M  Q
H  A  A  S  C  E  N  T  A  I  Z  S  E  R  B  B  R
J  E  V  I  Q  O  G  T  L  C  C  K  I  I  A  L  C
S  W  D  I  L  P  S  H  S  O  K  Y  L  A  K  E  S
M  T  N  L  G  S  E  Q  U  I  P  M  E  N  T  G  G
G  O  A  N  U  A  F  N  N  L  O  G  D  C  M  D  G
P  O  T  C  D  V  T  G  G  W  M  Z  Z  E  A  I  F
K  F  L  R  N  R  J  I  S  L  R  E  M  Y  Q  R  D
Y  U  I  W  Y  A  U  W  O  G  L  L  P  V  W  M  N
Q  P  Y  P  K  F  E  G  F  N  S  A  L  Q  R  Q  N
H  W  E  S  D  I  O  A  W  S  C  I  N  W  O  F  U
F  A  V  A  V  S  J  E  O  K  T  X  D  G  Y  W  V
K  F  D  S  T  D  W  U  E  O  Z  S  M  P  W  S  N
```

TREKKING	ASCENT	HIKING
TRAILHEAD	FOOTWEAR	TRAILS
NAVIGATION	RIDGE	DAYPACK
LAKES	BACKPACK	GEAR
STAMINA	SCRAMBLE	CROSS COUNTRY
PEAK	EQUIPMENT	VIEWS

INNER BEAUTY

```
D U L X C T F O G H N K T N W E Y
L E V E L Y R T M R O Z A E U E S
A C C E K I L E V O D R K H A T Q
S N E N T Q Z S I W U D M Q M V Y
S A C H A R I S M A S P W P R H D
U G Q B L L S V N O B I L I T Y E
R E T C A R A H C E N S C R D Y T
E L E A D A P B V H L F O E S T R
D E R E H N D I L K C W N C K I A
H D T F F N S H Z L R R X Q H L E
E M Q Q M S I C I T E H T S E A H
A N S U A G U T W C H W I Q S N E
R C Z P S V D L N H Q R M W W O R
T X M T S Q Z O Z T S E T S V S U
F I Y G V K C A B D I A L S O R P
W Z P X N N T V P R X Y C M G E G
Q F S O U L N T V S B U T P Y P N
```

SOUL
NOBILITY
ELEGANCE
AESTHETICISM
WELL BALANCED
LAID BACK

CHARISMA
CHARACTER
AURA
DOVELIKE
IMPASSIVE
ASSURED

HEART
PERSONALITY
PURE HEARTED
LEVEL
UNCONCERNED
WORTH

INNER CALM

```
E Y P E A C E F U L C O M P O S U R E Z F O
R A S L A T S Y R C G N I L A E H B D M F U
V X U Z B C X Z H D F A K M N C R N G Z B G
E D R T U F V B N V R P U N I N I G O Y P W
T E M E D I T A T I V E A R T M A F N W M H
X V W T T E U L I M P D V G D P N X I E Z X
L U Z D D B A A Y L O Q K E N A Z M Q S B C
P A N A V R I N A U P N B N S C E J B C M A
Y I D R L H U C N H X R H T P I D L E V K X
U X D R H D I E L U U D R L H F B N D N O K
O W W V Q D T D C T T I O E Q I T C R O E Q
G O T Y S L H S R G N N A S F E M A N Q G Z
M X T T G M P E M A T K O T R D U W U O B P
J Q A S D J P R L Y Z Q T I O P C A R A S Y
X T O E W N M E L O S Z N L K A B G R P V X
E L E U U K A N M F C G V L B L Y P W F Y U
E C N A L I B I S V T N W N E C A E P T A Z
I E E M C M H T I Y O A A E J X C D S I G I
H I Z T S I D Y V W K A P S M T F G Z L H X
T F T D N Y W R G J Q V N S M P A I N W X W
T E U C M R E S T F U L C E N T E R I N G A
M E X Y F L D G M A P L O M B Z F A I Y Z J
```

SIBILANCE
PAX
AT PEACE
RESTFUL CENTERING
UNPERTURBED MIND
EQUABLE

PACIFISM
NIRVANA
BALANCED SERENITY
CENTERING
PACIFIED
MEDITATIVE ART

APLOMB
PEACEFUL COMPOSURE
SOLEMN
PLACID STATE
GENTLE STILLNESS
HEALING CRYSTALS

INNER PEACE

```
Q H S R I G C S I L E N T H A R M O N Y E Q H
R W S R G J B G S X E M E S I C B X T E X L B
T R L A U N A L E C N A L A B E N E R E S R I
C G N G I L L D S E R A P H I C P E A C E Q B
H E R R D D A E J P X Q P O E Y S C N A A K A
L V J H E U N M S J J F G D R I R N Q P W Y N
G O Z A D Q C D R X O Q F A L A X E U S X T H
D J U R I B E G V E N C U E D L G S I D I I L
L Z Z M M B D M S W B T N F G S Q E L E M N P
R X Z O A E M C H F C T W E U W T R H R A E Q
U W Q N G V I Q I N R P N T I H E P A C K R I
K H M I E Q N F A E J T J N L O L D V A T E P
J S A C R E D S T I L L N E S S I E E S P S B
D F N S Y B R R U E I E W N B P M S N N M R P
G Q D O H E E W R H R A S M I Z D O H W G E C
D I I U N A Z E W S V R T G H K Q P M I K N X
X B A N T C P N O Z U S D J Y T Y M V J W N C
C R I D Z O X L P Z B R E A T H W O R K U I T
M A I S S Q A A K O R P L Q B E E C C P O V M
V M K E P C E X G H E R Z L X S G R H A I G P
G F M H E H O F P R U K V W Y D X T W Q H M S
U B Y H M T I R E F L E C T I V E C A L M H F
R N O I T A T I D E M L I U Q N A R T V L U S
```

BREATHWORK	HARMONIC SOUNDS	SACRED SPACE
GUIDED IMAGERY	INNER SANCTUARY	TRANQUIL MEDITATION
COMPOSED PRESENCE	SILENT RETREAT	SACRED STILLNESS
REFLECTIVE CALM	SERAPHIC PEACE	TRANQUIL HAVEN
BALANCED MIND	INNER SERENITY	GENTLE REPOSE
INNER SOLACE	SERENE BALANCE	SILENT HARMONY

INNER WISDOM

```
B T Z D B Z X T L V L N S C R A T Q
U E R N U U J A D Y H T U R T S E A
V C Z L S Y G E D G M L Y T Z N G D
Y E E N L I G H T E N M E N T U S Q
D B G Y T S P I R I T U A L I T Y M
E D Z D Q E L C A R O I Y D O T T P
C E G D E L W O N K A M A H M E B T
I H W F X L H R S Z C N E K N P D L
N X Y H N S W L C S C D O T I I B U
T T H F Y U P O E E N Y A E S P K B
U D P Q C P S S N Y X N J C C H U Y
I Y O T G R A G D K P J E F I A K W
T K S J L T G E E P F R I E E N R D
I Z O V O H E W N W N L C V N Y Z R
O E L R R Q N V C M E P E R C B K C
N O I T P E C R E P X I S S E L L Z
Q N H M H P T N E M G D U J S W Z F
H G P N O I T A L E V E R S C Z I P
```

INTUITION   SAGE   ORACLE
KNOWLEDGE   ENLIGHTENMENT   SATORI
EPIPHANY   TRANSCENDENCE   SELF KNOWLEDGE
DISCERNMENT   JUDGMENT   PERCEPTION
OMNISCIENCE   SPIRITUALITY   PHILOSOPHY
GUIDANCE   TRUTH   REVELATION

JOURNALING

```
R D X E O P B R D Q J D S Y O I V B B S E M
T S N O I T C E L F E R I O M E M J N V V I
S R C W J M Y X Z X C F M L S A Z Z D K F K
Q U E M J O H T H E M O T I O N S B D T I H
D R E Z X T U O Y G Q S S U M R Z O Q D B X
R V J U Q O W R C X G Y G B E X I N U Q H K
E Z O Y G I V M N S L O M C H Q Q T O O X Z
M J D V M O C V G A T P O E E C J Q S C U C
D S V B B K L N N J L R E K P X A V G W F H
U G O L Y L I A D B D I Y R A I D A R K S U
K P S Y F S F T I K L V N B S Q X Z A T N O
X W P T U L I T E D R A D G Z O M B T X O L
L N M M E W U E N L R T W Z P U N Z T D I I
G H T S C R P S Q R U E Y C T R G A V W T T
I Q X Y V I C M H I W T N T A D O L L V A L
B O V G N O K E A K I H Z N Z T Z M N Y R K
T W I G C I G M S R B O V S I G H W P E I F
J E B K A Z U O A J U U T E Y N G A Y T P H
R Z N B P J R R V T Y G G J L E F F R W S P
Y A X T V W B Y A J Y H Y T R T O J C S N A
J A E O R G A N I Z A T I O N K J D C Q I W
X G Z Q I Y N G Y L A S P H K Z G Z U D W S
```

DIARY
DAILY LOG
RECORD KEEPING
SECRETS
CATHARSIS
PERSONAL

MEMOIR
JOURNALING PROMPTS
INNER DIALOGUE
PRIVATE THOUGHTS
ORGANIZATION
INSPIRATIONS

ENTRY
EMOTIONS
MUSINGS
MEMORY
REFLECTIONS
SELF ANALYSIS

JOYFUL MOMENTS

```
E N O T S E L I M N X P Y K A Y W
N C L H P R F X L U F T S E Z D N
K X Q T E K N A L B M R A W P Q M
B J P D W R M K E N O R A G W A D
C S N T E E O E S Y R S S C X N
M O S N H C R U U E N H Z N W V O
W C A I N G N L C H I R P Y R V D
A H O Y L N I A L S N K A B E G I
S C H Z I B N L I V G K R M T T P
A J O N Y F G E E D W U E V H J V
T K E F E P P N X D A H Q L G U
I S P S F U A U I I L R T I H C
S N G B F E P J A N K H T B A M G
F O P U N Q E I A G R J L F L H J
I U N P H L R Y S M R O I A O D D
E D W M H R G R P C A M M O Q S H
D M E S I R P R U S V S F C D T D
```

CHIRPY
LAUGHTER
ZESTFUL
COFFEE
WARM BLANKET
MORNING PAPER

DELIGHT
FUN
SATISFIED
MORNING WALK
SURPRISE
COZY PAJAMAS

SUNNINESS
HUGS
MORNING BLISS
MILESTONE
WONDER
SOFT RADIANCE

KNITTING

```
V A V D N L H B H Z D L I I K X G N M
W P S T S Q V T F K W W K Y B A P V S
G Q E Y M E P F D N M N Y B N C Q H T
R A R I A S H S V I I D K X C J L B E
P Q U T B Z Y C Y T K Q K Q B V J P N
A S T G O R A L T T N T B C K M L M L
T N X W E P G E R I I Z U G K W Y O O
T F E E L K D M I N T P X K C N B Z M
E X T X T F J S O G L S K O E I D K C
R L O V A Z R T P C S E L D E E N H C
N J R B K R S S C I A O B C R K T W M
S O R W Y A R N B R R S F L E S U A O
L I I O C Z X C N C J S T O S D Q G B
C V B O A X V R X L F X G O J D C M Y
F R B L B P R O J E C T X P F U R T V
N F I Z L O F C A F E X M F T F L K J
H A N Y E F F H B Z S V G I A O I G B
K I G X H S C E T L V B A B J T D G K
V T K M U S S T G Q C K T O F X H G Q
```

YARN
PATTERN
RIBBING
SKEIN
TEXTURE
CROCHET

NEEDLES
CAST ON
CAST OFF
LOOP
COLOR
CABLE

STITCHES
GAUGE
WOOL
KNITTING CIRCLE
PROJECT
KNITTED FABRIC

LETTING GO

```
L C M R K K Y Z L S O S B G R
E E G Y E B K G E R F A G J L
S V T V K V H X U A Y T W L Q
O V D T D A E V L O S S I D E
O A B E I L B S F H Q U Q D G
L H T D C N E U N B U R D E N
T H N Y E O G I E S J T I T A
E U S E S W M B Y U E G S A H
L Q L A A Q S P E R V Y B C C
F O R F E I T W R R L D A H J
F N U Q L L V V H E O I N M V
N G I S E R N I E N S O D E J
H T F K R J N U W D B S L N P
L I B E R A T E H E A O G T A
G E D R F T I D C R Z C U K E
```

RELEASE	SURRENDER	UNBURDEN
RESIGN	DETACHMENT	LIBERATE
SEVER	CHANGE	TRUST
FORFEIT	DISSOLVE	YIELD
LETTING BE	LET LOOSE	DISBAND
UNLEASH	DECOMPRESS	ABSOLVE

MASSAGE

```
U Z J Q N B N U I Y C L Z K Z B X A H K W
D S Q X F M P J J G X N V E H C J O X S M
K S M G N M F X N D O O A G Q T N U P V M
J E L M O S F J D N A I X F S L W J J G L
U M P A I N R E L I E F W A V S T O F B I
B L Y S T Y E A D P X I Q W C W O M J Y A
G E G S A R X F B O X X Z D I O U M A Q F
W N Y A R S I T G C U R L J R S C T O K E
I L P G B C V L W E Z L Z D C T H S P F I
A S A E I S D N S Q X R N L U W C O Y F L
I E R B V K C G D Q E M E Y L K Q O O W E
D N E A B U A N N L P R P C A W S T L Q R
D S H L B U H H L I E K U S T A I H S N C
U O T L I S A O S L R O K Y I W W E M W H
P R E S S U R E A A C E K O O V E R A S O
D Y I W W K H X C H U U P B N V I U L V H
Z D R V Y U A B U W S G J M Y R Q B I Q C
F T R Q G T T K O O S F I N A H X X G K E
Y Q U F I P C N M T I U U Q O P P C N V P
W D L O A A B F Q R O M K U X C J O Q A J
B E N O T S I W N Z N I O E Y F M W C O D
```

TOUCH
PAIN RELIEF
PRESSURE
PAMPERING
SENSORY
VIBRATION

MASSAGE BALLS
MUSCLE RELAXATION
STONE
THERAPY
SHIATSU
ALIGN

RELIEF
CIRCULATION
ROLLER
PERCUSSION
GUA SHA
SOOTHER

MEDITATION

```
O Y N J A L I C H U I N O C T L N K I G N
H E C J V L B O D Y S C A N U K W K Y A N
J A H A A W A Z A W C Y O T L S K A R C Z
F L A R D S E D W N R I B E L D L J T M P
U Q K C A N H Q N R T L L G E S D B U V N
A A R E I F B I N A U R A L B E A T S M S
F I A T X S F O Z X M N T S S N J I T O E
F I H I Z O U I T N U M Z H S O S K C R M
I A X C M N L M R J E A R U E T A K T E T
R P I O E A S N E M J L G R N S Q R D E M
M Q K N U I N E R V A N G L L A J I O E A
A G Z S K G X T R W I T L V U R Q A F I N
T D I C C O F P R E V T I O F K Y N N G T
I V G I Z Z O A B A N C A O D A R G B J R
O R N O J N N L N K B I I T N H R F F Z A
N R Y U F F L U R Y G E T T I C D I E H X
Y R T S D E T E X P Z H A Y M D A N E C N
J C R N W F Z Q J T E B E D W U E R R W T
M Z F E I L E R S S E R T S S V S M D R X
E F M S J D O M G V Q K U H S P P I I S X
J J X S P S E Y E T U N I N G F O R K E A
```

CHAKRA	AFFIRMATION	ZENITH
SERENITY	TUNING FORK	STRESS RELIEF
MANTRA BEADS	CHAKRA STONES	MINDFULNESS BELL
BODY SCAN	VISUALIZATION	MANTRA
MANDALA	MEDITATIVE MUSIC	BINAURAL BEATS
CONSCIOUSNESS	WELL BEING	AFFIRMATION CARDS

MINDFUL EATING

```
I G N S E U C R E G N U H K H W T V F E O L Y
J N H W S C A G D O A S T F B G S Y V W H Q D
L I F G O E I I M Y Z Y W F F R R Y A V K G B
B T X B V D N D V K J C E V Z Q P X M D L V M
K A F J Z E W E Z C N S N C G B X G E W D P A
T E J K L S R O R T D J M N P A D P A E S M H
B W U P U E G Q L A D Z I A I H Y N L N V A V
J O C I K D A N U S W R L M O O J O T F K I F
U L K W Q S D T I R O A X H S P R U I Z G L T
N S D I G E S T I V E H E A L T H R M I B E E
D W R D S I Z D A N A Q G V N N H I I Y L T N
J E S D S Z F S T F G R Z O I Z A S N Q N M R
V L K U E K E K Y P T R C U A T V H G S M J Y
R N J G N V C X D W S N H R V C S M U S P T F
P O Z A L O N A X J O V Q Y B D H E I H E S E
D L T N L P I J N I Z S Z P T R B N G I Y M F
N C X L U R A N T S K E C I O H C T T I A E M
S X H X F G K R N J M E J N D I M A A H D L Y
H W E I I F O J J M R F D I G E S T I O N C S
M O Z U W P I Y N K Y X E J P T X Q X K C Y U
E Q Y D I K N T U H I T W C E P O M O H R U R
X J X E T Y D W S A V O R T N I P B N U L H H
E E A X E P G J A O S T L X M R Y H A N Q T N
```

SAVORING
NOURISHMENT
CRAVINGS
SATIETY
EATING RHYTHM
DIGESTIVE AWARENESS

SAVOR
SLOW EATING
DIGESTIVE HEALTH
MEAL TIMING
CHOICE
DIGESTION

TASTE
HUNGER CUES
PORTION CONTROL
FULLNESS
SLOW DOWN
SNACKS

MINDFULNESS

```
A W T A X Q O Y G P E D I A S U C O F G B Q N
A D Q E X C H T W B X T U C X E N E A K Q S W
F Y L I U E Z I S S E N T R E L A N D S K F N
A G J Y U F E V Z S U C O F L A T N E M G W G
H C A A J A Y I E H X F N Q A V T L O S D G P
Y Q C Q T N J T P M N H V A X G F J I W G E V
S N Y L D T S I R R H W Q Z V O J X V A P F L
B E P D U H E S Y L E O S G B R X P G U R X P
U B S G S U P N E I D S S S S S E E B B E U M
L W B O J X V E T O J S E E K X Z S T A S H Z
W D U E X X O S W I J R N N N O R C B S E B Y
L B G V I N L B V P V T M E C Y W E K O N Z F
U A W Q E S A O S A I E L Y J E Y P N S T G V
C Q E X C H X F T E M W A C T M O K J K M D S
I B Y I N Z P I N O R O C W Z I R F A M O E T
D R G H A I O C O V U V V Y A G U H M C M V Q
I D C Q L N E R U P U O A T S R J C K I E E X
T V V P I N T R O S P E C T I V E P A G N D Y
Y X O X G E M J A I U C F W I L E N L W T D O
T Z X P I S C E C N A Z I N G O C K E R P G P
K N W U V V E S A T M V G A A K N W L S C Q Z
M C Q U E A A L K B Z H S Y I Y G A A N S W J
O S B V U V M P H W R J F Q T J X R L C J Y W
```

OBSERVANCE

INTROSPECTIVE

SENSITIVITY

LUCIDITY

SELF OBSERVATION

PRESENCE OF MIND

SENTIENCE

ATTENTIVE AWARENESS

VIGILANCE

COGNIZANCE

OBSERVATIONAL

QUIET ROOM

PRESENT MOMENT

CALMNESS

ACUITY

ALERTNESS

MENTAL FOCUS

FOCUS AID

MOONLIGHT

```
J R F D F L G M U L C E Z W U L T P S
X W D G L O W U L U D A Z Z N H T S I
A P S S M H Z D R O W Z G X U G X L N
M M H T Y M U L L V D A C P A Y U W L
I W A O A S L N B J L V X P T M E G G
N O B G S R D O W I I M U I I V G K M
S Y R F I P L J O M M V H N N N Y K F
E J F P H C H I L P A L E L I G H T Z
E B M D V C A O G C L S B N G S W B I
P A M X F O J L R H C B E F M P O G E
B W L K H C H E A E T T C H P N D M N
U Z L G J T S R N Z S J E D I B A F F
R S C V A C H C U I Q C L P T O H L Q
L T T K E P E Q L Z H S E U Q F S Y K
Q V M N P B L G F M B S S N Z B N Z Z
Y B T D L S I L V E R Y T R T E O W F
Y C A J G E I L J N M U I F W A O N P
Y H B D B Z R S G N I N A W O M M U U
N H M O O N T Y M O O N L I T S Z Y M
```

LUNAR GLOW	SILVERY	MOON
PALE LIGHT	MOONLIT	MOONSHADOW
CRESCENT	WAXING	WANING
STARLIGHT	MAGICAL	SOFT SHINE
CELESTIAL	GLISTENING	PHOSPHORESCENT
GLOW	LUMINESCENCE	BEAMS

MOUNTAIN RETREAT

```
V K T I P E R I F O B O E J O X C H
C E G N I M O C R E V O Y Z M N V B
V Z S V V Q A N Q G B J U B W U J M
T R X F F N D K H D Z L Q N N D Z R
O P J K N H B X B O V E R L O O K Z
T A J O L X I P D L T A J D J U H H
I E T N D D V D R N D S U W T Q W U
U G D O I C V V E I T M P N W G B O
E D Z I W B E C B A H Z D R E U V E
C O R T S N A Q P T W R P J I G U N
A L E A O K U C R N P A A R V N W O
B R N V T W E I G U F C Y E T I G I
I E E E J E R E M O T E Z Y I P Y S
N A W L U X L Z R M L P O V M M X U
M R A E D Y I A X C V T U B M A O L
I Y L S X S M V H F L N X F U C N C
A Q I E Y G U Q A C L I F F S I D E
T U R V H F K T Q U I V U X U F A S
```

SECLUSION	LODGE	CABIN
HIDEAWAY	REMOTE	CHALET
CLIFFSIDE	HOT SPRINGS	FIREPIT
CREEKSIDE	MOUNTAIN LODGE	CAMPING
SUMMIT VIEW	ELEVATION	OVERLOOK
OVERCOMING	RENEWAL	LOG CABIN

NATURE

```
Q R I N V E R T E B R A T E P V F
M E G A L F U O M A C W A N S C G
P G I Q A I G J H F N J L D T A K
G N H L P M N J Z T O A P A N R M
L E F O E T U E U B U B I N A N U
Q V L W X V M S V I I N K G L I I
Q A O Q P O T M H O X F D E P V P
T C R J R C B Q M D S L V R M O U
T S A A E J B E E I Y A A E A R K
A W I S D N E F U F J T D M O P
K N N B A Q G R G E O S S W M U V
E I L G T F A X J R Y R I H A S P
U K Z F O H H G F S O F G S L S I
L C Q V R E V M O I O S B N S A B
Z B G P D V R C S T K C Q R A D W
Y M A Q G F E J V Y B U A J V M J
E L X G P O L L I N A T O R P I M
```

BIOME	FEN	FLORA
TUNDRA	MORAINE	PLANTS
MAMMALS	ECOSYSTEM	BIODIVERSITY
MANGROVE	POLLINATOR	APEX PREDATOR
CAMOUFLAGE	SCAVENGER	CARNIVOROUS
INVERTEBRATE	ENDANGERED	INSECTS

NATURE WALK

```
I  J  X  X  B  J  Q  Z  B  F  Z  Y  D  Y  A  L
A  N  A  X  H  T  N  S  L  W  O  D  A  E  M  R
I  V  G  K  S  E  S  Y  S  S  R  G  Z  P  Q  E
S  P  N  H  C  Q  R  D  U  C  T  O  C  N  S  Y
E  Q  D  M  N  M  R  R  X  R  Q  R  O  C  K  S
I  E  U  Y  D  I  Y  S  E  E  R  T  O  T  U  R
L  R  S  I  B  U  S  H  L  A  N  D  S  L  S  J
F  E  G  H  R  K  A  T  O  T  O  V  Z  Y  L  P
R  G  Z  K  Z  R  M  F  O  I  S  S  Z  C  A  S
E  R  L  E  R  L  E  N  D  O  U  A  D  T  R  M
T  A  S  R  E  W  O  L  F  N  H  U  E  M  Z  N
T  S  I  A  S  R  B  C  S  B  K  S  L  K  W  C
U  S  V  Q  S  L  B  H  K  K  N  I  F  N  S  K
B  E  H  O  I  E  I  Q  B  M  A  V  X  F  Q  S
S  Q  C  G  I  N  M  A  E  R  T  S  S  O  O  Y
H  J  O  R  E  R  Q  N  T  Q  E  X  W  X  P  P
```

TREES	FLOWERS	SUNSHINE
CREATION	BREEZE	MEADOW
STREAM	BIRDS	LEAVES
ROCKS	BUTTERFLIES	SQUIRRELS
OFFSHOOT	GRASS	TRAIL
ROOTS	STROLL	BUSHLAND

NATURE SOUNDS

```
Q O Q N F S V I G B G N I Z Z U B
Q K E F R O G S K N N H U D Z Y K
L F O J K G R T J C I T S E J L S
R D K L X U A E R Z R M R W W L N
U W C R F O T I S H E A M O K N Z
S A D A C I C G C T P L T U R V L
T D X C Q K P E H H S N K K H A S
L Q A C E L X X A U I O R T N N Q
I F P T H Y K F T H H H U I M I X
N D S M J I A Q T D W O M N Y A F
G N I P P I R D E E J A W Z D R K
F G V V B X E P R R L U V L J S N
G N I L B R A W I S B F E E I V B
X R B H Z F D L N N H H U P S N B
Z R L C B G P H G B G U O B U Y G
P U H J S F C I W I N D Z O B S T
J F Y C O I E I A M Y U J G N S S
```

HOWLING	WIND	CHIRPING
CICADAS	ANIMALS	RUSTLING
WHISPERING	CRICKETS	FROGS
OCEAN WAVES	THUNDER	RAIN
FOREST SOUNDS	WARBLING	DRIPPING
CHATTERING	BUZZING	HUMMING

ORIGAMI

```
N A K O G I D G E O M E T R Y B V M Y F G
Z E G L G X Z C X D B I E F X R D X T V X
J I N D A E K Z P L H M C S D S T D J V C
M Q I S Y N E N R X I M Z L F C R O U A O
A H T C A W O Z E T W P A T I E N C E H N
S F A H S A T I S F A C T I O N S M C Q T
T T R O Z F X A S E B T G P L W A X Z P E
E M T O W S P H I N D N U R N N A Q H B M
R I N L H N S O V G E E L G Z A F G S J P
P I E P V P P E E O C M R I B I Q F G M O
I O C R R Y A F N R H E I R L K W D W J R
E O N Y P A G K E E I V P D S B M Z X X A
C A O U C E F Y S D V E T I E M Q I P U R
E Q C N S A R D S Y B I U R T E R G M L Y
K B K I O G A F P L S H T G L L R U W V E
Z J R Q R C M O E R L C C N Q L K H O K J
A Z V U G E E L A C K A S Y E P O F T Q X
P C I E C L W D F J T E E H S T F A R C B
H W K C F S O I K I R I P V N K T J A U C
I T F J B U R N F F U P O P D E A A T N Y
Y M A T D Z K G D U N W I N D I N G H V K
```

CRAFT SHEET
EXPRESSIVENESS
GEOMETRY
UNWINDING
ACHIEVEMENT
OLD SCHOOL

FOLDING
PATIENCE
MASTERPIECE
ATTENTIVENESS
SATISFACTION
CONTEMPORARY

FRAMEWORK
PERFECTION
PASTIME
CONCENTRATING
THREE DIMENSIONAL
UNIQUE

PEACEFUL HIDEAWAYS

```
G  P  P  W  E  D  F  X  V  N  J  F  G  N  D  F
N  O  I  L  I  V  A  P  R  E  T  R  E  A  T  G
Z  R  P  L  A  Q  O  Q  R  P  V  S  Q  B  O  L
Q  G  F  B  O  U  A  C  S  I  P  X  L  N  R  T
J  J  N  V  D  I  L  B  L  S  V  I  X  L  R  H
W  V  H  I  B  H  R  R  P  A  D  A  X  A  I  Z
F  L  C  O  T  T  A  G  E  T  V  K  T  A  L  M
S  E  W  J  J  I  Q  T  J  B  S  I  D  E  A  Y
E  P  W  A  E  O  V  H  U  V  Z  N  N  F  R  B
C  O  X  P  J  V  U  N  J  O  A  S  U  E  O  O
L  T  E  W  V  T  G  A  I  R  F  S  S  D  W  D
U  S  Y  X  O  A  D  N  E  X  Y  T  I  A  E
D  T  C  V  L  C  B  V  X  E  F  F  T  Y  F  R
E  S  U  O  H  R  E  M  M  U  S  O  I  A  H  N
D  E  W  L  P  K  Y  O  L  F  F  L  S  N  A  I
Z  R  R  J  H  K  H  Q  W  C  P  P  L  L  L  P
```

COTTAGE	ALCOVE	REST STOP
BUNGALOW	SECLUDED	PRIVATE
RETREAT	VERANDA	DEN
PAVILION	SUMMERHOUSE	LOFT
HOMEY	SAFE	INVITING
HUT	RESTFUL	BOWER

PEACEFUL PARKS

```
S O D T U Z O C F X F O U N T A I N X G
T C J O P E N S P A C E S S Q V Y F H H
J K V W G U L S E X H F C L O G K C H R
W G H N D O N R A F K D Z O S N W P C D
M P K O G T D E U E A O M O G I O C N I
Q D X G E K L C R X R A B P W Z E E E F
U M Z S U T P R W D C A H E X I L C B B
X J E N X T F E Z O L C C V Z L R D I I
Y K C U I I B A D J J I S I Z A U S K H
W N B Y L D A T P B Z C H T N I G H I A
G P R J O G G I N G E S M C S C N T N P
U P L A Y G R O U N D S C E N O I A G E
W T I Q G T M N I E C V Y L I S T P G V
G C H Z D L F C B I G N Z F A O I T P U
T E P Z W E V R N V W N X E T L T O L I
M S C F I I E C E C C H H R N F Y O U H
G N D T E W I F I E Y M V W U G F F O W
X H B W O P K A H F C K I H O J W C J C
T G S L C Z L A T S F R I P F H K Q P B
E M F D B O S Y A W K L A W P H Z Q F I
```

WALKWAYS
PICNIC AREAS
SOCIALIZING
PICNIC
BIKING
BENCH

FOOTPATHS
RECREATION
CHILDREN
PLAYGROUNDS
FLOWERBEDS
FOUNTAIN

GAZEBO
FOUNTAINS
OPEN SPACES
JOGGING
SCENIC VIEWS
REFLECTIVE POOLS

PEACEFUL RAIN

```
H R J E H E N F A Z L D K M T O
H A K F U N J B R I N D O O R Y
V B I J T S Q O G D M T U O I O
L S W C O E P A W E B H U D C W
Y V E I L R A R A I N W A L K H
R M T M D E D D I C N T O A L E
F I F H Q F R G R N K D L W E R
Z L O T I R O A O I K L O E Y X
N M S Y C E X M R K N L X W X G
R A M H M S K E E S O K E W P A
H A E R E H P S O M T A I Q W M
N T L L B I R L J L J N V N T S
P R L F C N S P L A S H I N G L
Z L M Y Q G V Z E D J R Y Y K F
K F P R K N O D J P C O Z Y K X
Q K G Y L T Q C Y M T S Y W W X
```

SOFT	GENTLE	RHYTHMIC
SPRINKLE	VEIL	TRICKLE
TEA DRINKING	BOARD GAMES	SPLASHING
ATMOSPHERE	MOOD	COZY
INDOOR	WINDOW	RAIN WALK
SMELL	CLEAN	REFRESHING

PETS

```
N A S Z M K Q G A X R Q Q A
H E A D O I T Q K B C A T D
S V L U G T I S G P I P D F
I C D C I T U U H D F R W L
F T Y O Y E I R F R E S D E
V D P M H N V R T L R N X T
M R P P E A A R I L R A M P
V A U A K B M T A R E K X S
Q Z P N B J P S F O T E Z W
E I Q I A E M H T D C X N O
G L T O R T O I S E Q L B F
K S U N E R F K R N R V T P
P W I P S M F B V T U H A K
R T S E Q I P K Z U U S M G
```

RAT
FISH
HORSE
HAMSTER
SNAKE
PUPPY

CAT
REPTILE
RABBIT
FERRET
TURTLE
KITTEN

BIRD
RODENT
GUINEA PIG
LIZARD
TORTOISE
COMPANION

POETRY

```
T W P Z L W V Y V H A I K U H
J T N O B P D J U E M R C T S
T S F K E M Y H R B R N I T G
Q L M A Z N A T S M O S R N Y
E W E B M U Y F E S F U E E W
C P M E R F T T T C C P M M L
K K F K Y L E T N T I O I B X
C R V M K R Q X U V T O L M Z
S O W F B F O R X I K T V A T
Z O D E X C E G O B V L B J K
A H N Z U Q T N E A F K X N Q
C M G N Z H S Y L L A B L E R
I M A G E R Y S B L L V A U T
W A E M Y T D T M A K A L A O
D L E S G I U V L D X O Y E R
```

STANZA   RHYME   HAIKU
METER   IMAGERY   EMOTION
VERSE   ODE   SONNET
BALLAD   FORM   STRUCTURE
SYLLABLE   THEME   VOICE
ENJAMBMENT   LIMERICK   ALLEGORY

63

POSITIVE VIBES

```
R I M R D J E P F L G N E H J T O E V L B
V I O S Q E H E H L K I H V L C D N T O Y
T N T E M J B W N E B A I P P Z R E R H H
E S I T G I N D E T A N E V U J E R N H S
T P V B R M L J G L K R Y K A F E T E H B
D I A D G A N E W F U N T I M E S K F A Z
I R T Q N T L A S G Z E I E F J O R D X Y
G A I Z A E F A L A E G L E N P I K M E T
L T O H Q D Y V N E S H A Y O I P B Y D U
X I N G S O I H X O T O T S R W N H U K E
Z O F V L O Y C F J I Z I I N E U G J A V
U N U B R F I V B Y Y T V Y L P E P Y W
O L B F X T H D I A I G A R A B H H X V P
U Z M L E R O V Z V D G S R O B R L C I I
X R D M O O E Z E Z G C U B I J L U T U C
L A E P F F O Q T S D X P C R P E N K Y N
A N G D P M U Y L C G U N L B L S T E X I
T E O Y P O R Z I A H S D Y X H X N P N C
K O F Y T C S D P R O P N R B F A E I X S
G B Q E N B I U T E P G N F Z O U K W Q X
F I S E B I V D O O G S R K Q B B B O V U Q
```

CHEERY
HEARTENING
INSPIRATION
SMILES
COMFORT FOOD
EXCITEMENT

PEPPY
REJUVENATED
POSITIVE QUOTES
GOOD FOOD
VITALITY
GOOD VIBES

BLITHE
MOTIVATION
INSPIRATIONAL ART
PICNICS
ZEST
FUN TIMES

64

POSITIVITY

```
Y Y V X X T M U H Y Y P R Z E J N Q I W J
Y S M P E S T N E M I L P M O C Q B Y T E
K M M M V S T A O E S C Z U X B E F M M J
O P B H S D O P T I M I S M X E V Y P S O
Y X X E Z A F B O U T I E H J L E O O I H
S R Q V N A I B U K R A C X O I W M S J D
O N R U C I C S F A B G N I T E H T I A F
I X X E G E U B U R U O A I R F E F T F T
S X X O D C W G W H Z D R M M E C X I Z B
W A L R C J N W F O T W E S C R N G V C Q
V X R E Z A B T O P L N V N W V E J E H V
H F S S S B G X H E T X E V K J I T F Y R
Z S X E A U A T D O D D S H J F L C E N X
W B G S O N K B M Y I S R A M T I E E D Y
Z B C I B D H A B F E D E R N P S A D A O
T T T A G A B U N N N K P H Y C E Z B I E
H S G R V N T O I Y O P V W O Z R T A C S
X L H P Z C C P C M U P L I F T A L C F V
G E T Z G E P O N E E G N Y Y Y V X H K X I
Y D P M O A V D K I K L M L N X G J Q U T
R E L V H N N K E R K J S Q T W R S G Q T
```

OPTIMISM

UPLIFT

CONFIDENCE

ABUNDANCE

DETERMINATION

FAITH

HOPE

JOY

RESILIENCE

POSITIVE FEEDBACK

PERSEVERANCE

EMPOWERMENT

ENTHUSIASM

HAPPINESS

COMPLIMENTS

SUCCESS

BELIEF

PRAISES

PRESENCE

```
S P E A S T D Z N Y E R X D P Q R N X Y R P
S A Y B H F B U Y B G O C W O S A B A K V H
E P R E S E N T N T Z Y V H S S G D E D Q S
W T T A C G Y Z N F T G D A C T U A L I T Y
M N N R V N R L F I F P B W O Z S S B U N X
L E W E W D E O M P G I W M R M Z O I K E N
L M F P M C Q I U E S Z A S Y H J Y G G M G
M O V M Y G X V R N I S W I J X S D N Z E E
V M O P S O D E N E D G E H V S D I A W G V
F E S B R Q Y U Y N P E C N E E E V T O A Q
G H F P Q Y I T J W P X D N R B S C U N G G
T T B O T B U E T N J T E E K A H D B D N F
Z N F K Y S Q C R G O R T Y C L E L G N E S
Z I Y G C O G U E A A N Q J R C O N T A C T
V G D L P T S M T W E Q O Z S O F R W E U F
U N M W H O I I A C Y I M R P N S J R R V O
Y I O P L T K Y T N E M E V L O V N I E H S
V V O B L G D J Y C L L M Y S S I T E H K A
H I R A O O U Y W T A Y Z J C M F D Y S P Q
X L E R B Q G L D X M W O V V K K Z Q N D G
M R Y Z B V Q E E B Q R R S J Z N P B N F B
V P F C O Y H D M J U I F Y J Y G A T W J V
```

BEING
HERE AND NOW
INVOLVEMENT
TANGIBLE
SENSORY EXPERIENCE
LIVING IN THE MOMENT

REAL TIME
GROUNDED
RELAXED
NON JUDGMENT
CONTACT
PROXIMITY

PRESENT
CENTERED
NEARNESS
BODY AWARENESS
ENGAGEMENT
ACTUALITY

PUZZLES

```
B B M L O B J I M N G Q F L N T Z M F
J B H P C H P T W T G A K F R A S J O
S U G G E F B N Q A E P Z L V L Z L C
L G U N W Y J N O I T E L P M O C R E
U L H A I Y G R F X T S V O M H C N Z
T O U R A V E E E S Z I O Q A K P F F
G G D V V H L Q U S T C I L E A K O W
V I R S P J T O A L A R L U J Y Z A R
F C M I B H O A S V C E A C L M P Q C
C J C H M C H U N M N X T T H S R M M
Q M H P R R C K D G E E N N E E Q Y X
E Z A M A T R O E P R L I J I G S A W
J U Y U N Z A D W T Y A B Z J A Y S N
W K N I L W E U R X X T M O U B R S K
U Y D R O W S S O R C N X G R O I B W
Y S S T A M D H L M Y E B S T P C K J
C K M F W N R B Q W G M O R Y V R B X
H C C D B N O I T A R T N E C N O C F
S D X B K Y W P O C Y G N M T R E S C
```

CHALLENGE	PROBLEM SOLVING	LOGIC
STRATEGY	SUDOKU	CROSSWORD
CONCENTRATION	MAZE	JIGSAW
CLUE	CIPHER	CHESS
MENTAL EXERCISE	BRAIN TEASER	WORD SEARCH
COMPLETION	TRIUMPH	TANGRAM

READING

```
K E V M T T G K L I T E R A C Y V X
L N X N R E T P A H C V C J C X L C
V T O O Z I G G U W I C Z F W E K F
O E L I T E R A T U R E P I T A P J
X R L T S G X X U V Y W O N O D R S
J T X C F N B E V G G E F D O M L I
N A I I O I E C X T N N L B L J U Z
O I P F M L Q H Y P O A N V I L D N
N N P L E L G A E I B P L I F H U C
F M L D O E G R T R B H R L E V O N
I E K W B T M A K C P I J U B G K Y
C N K U C Y M C R S L M G V O A K M
T T O M W R B T C U T O O M O E S J
I C X Q O O R E N N L O K C K Q Z N
O R D F O T Z R Q A M Z R Y S M E J
N T N K V S V S I M T P X I L O T R
I I S H X E Q D G A K H P E E Q R A
M P J E X R B M G Z H Q W Y Y S Z G
```

BOOKS
PLOT
FICTION
ENTERTAINMENT
EBOOK
LITERACY

STORIES
LITERATURE
NOVEL
INFORMATION
STORYTELLING
COMPREHENSION

CHARACTERS
MANUSCRIPT
CHAPTER
NONFICTION
LANGUAGE
DIALOGUE

REFLECTION

```
P M S A W Z M J L Z C E K U U Z A G J
G M Q W Z R W N O U D E E Y I C F N S
N Q W S Y F M B O L L T H G I S N I Y
I C S S R L B Z P L E C A E P Q O R L
D L W E U T H I N K I N G U T N S E C
N P L N Z J J N O B E F I E K S H D C
A P I E O L N O I T C E P S O R T N I
T U V R O I C I T T H W D W C L O O T
S G E A A F T T C H O L G S K I K P V
R Y L W N P S A E S L E E R T I Q D C
E I E A A G X R L T Z H G A O O U R H
D Z D F L S G E F P S B U N R W Y T O
N T D L Y I Y D E K M L M P X N T C L
U V U E S S M I R H A E W A Z D I H U
M O D S I W N S O V W J T F K F R N H
D P U H S B F N E C P O Z N B E A O G
Y X Y Q G Y B O U U Q N U L O G L M L
I F J D T O H C X R I J P L X C C A W
M Q O D P E V I T C E P S R E P E R D
```

THINKING
EVALUATION
SELF AWARENESS
PERSPECTIVE
ECHO
CLARITY

CONTEMPLATION
ANALYSIS
GROWTH
INSIGHT
PONDERING
WISDOM

CONSIDERATION
INTROSPECTION
LEARNING
UNDERSTANDING
PEACE
REFLECTION POOL

RELAXATION

```
Z I I E J M C O M F O R T C J B Y B C
I Z X G E L M C V G X E F K A M T E W
A Y K A S K C O S Y Z Z U F F J N N L
Z E I R A Z K M W O D W X P I J B H
F Z Y E E R I U S V N S E L B B U B Z
H C C V L I K S R U I C W L E W B V A
F A F E E N O I T A N E V U J E R C I
O W M B R E Y C Z E Z B Z R N G D L R
W L C M N I H R G B F M A O V W Y O F
A F F R O H H L U U A K Z T J I I C G
R O F A I C U W B S M T N Y H U N N D
M I Y W S D K P V O R E L I W I A N D
T U G P N G M T M O J T V C A X N B H
H K G I E C O M F Y C H A I R N M G T
A J V S T X M M F Q L R D C M B Q X X
L M V G N I O G Y S A E E K B T A N I
G H T G W C R Y O G G M W S A N Z H A
C N I R C P Q U B P T F O O T B A T H
W U K S D H I Y X Y H S I W H N Z U X
```

HAMMOCK	WARM BATH	BUBBLES
TENSION RELEASE	REST	REJUVENATION
COMFY CHAIR	FOOT BATH	UNWIND
SUNBATHING	FUZZY SOCKS	MUSIC
WARM BEVERAGE	WARMTH	COMFORT
INDULGENCE	COMFORT ZONE	EASYGOING

ROLLING HILLS

```
Z G M O U N D P F Y M I X F T F P
S H H B P W E R R C V R J M Y E U
L O G V L M I V E Y R D D E X R R
E R W E A X M N I N C L I N E U Q
G W H Z N T U N D U L A T I N G K
C T I G D T P A G S G R U Y I L B
Q W G L C Y L L R R W U U V L S D
H K H I R L T E A T C E O H T L J
T P L S O A I S S T J Y P S S A X
R D A V O E S D S L E M F T E Y G
X W N S D Y C U Y C O A B Y R N C
D H D H T N B M K K R P U S C B B
O G S I U O P L N F Z E E D G P U
W U H U O A R X O M D D S S X C I
N E P O L S M A L M E G A T G B P
S J L I F N S L L I H T O O F O G
V T F S U Q O M S I B P U K K R L
```

UNDULATING
HIGHLAND
GRASSY KNOLLS
WINDSWEPT
SLOPE
INCLINE

GENTLE SLOPES
CREST
MOUND
LUSH
DOWNS
CRESTLINE

PASTORAL
FOOTHILLS
GRASSY
PLATEAU
UPLAND
OUTDOOR

SCENIC MOUNTAINS

```
A A T N Q R W G H W A B L Q Q U L
S N V J B Z O D X N D L Z E E T D
M E F J I R N C E B P K P V O R H
Y N J Z B J E H K C C Y H I G H M
L J X T P D O A G Y H S Q S N F U
L S S A Y G N L T Y H K V S C E U
U J L A O K Z L I H R I V E R S R
U P Q E E Z S E R N T B S R L M H
I C U R T D I D G Y A Q P O S H
S X I L B Q G G D Z Y X K M R C S
T P R E C I P I C E W V R I S U Y
S S U O R U T N E V D A L I N I E
J X G S X P V G E A C L N K O G L
I V G O L X A E F K I J K I W H L
Y N E F O R E S T S K A E P Y J A
E L D D A S Q T E J O C L D D T V
C Q R Z C O K Q L Y R I O Z S Z Y
```

SPIRE	IMPRESSIVE	RUGGED
BREATHTAKING	HIGH	PEAKS
VALLEYS	RIVERS	FORESTS
ALPINE	SNOWY	ROCKY
CHALLENGING	ADVENTUROUS	RILL
ALP	SADDLE	PRECIPICE

SCENTED CANDLES

```
M M W G A F V W B Y K C Z E V T W
V X A U N O I S U F F I D K Z I E
Y E X Q M K Z A I R P L D K D F U
R M B R V T L K G A A C I I F U H
M A L R E Z G D J G R K Q C C F A
A L E I A D C Y N R A Q R G K Q M
Z F N B J J L F Q A F G F S P E O
I X D O D Z E O N N F G C L Q S R
N H Y V D X C L H C I J W B Y N A
F T C C K Q N P D E N B T A G E B
U U S O Y W A X E N L E B F X C S
S K O S R F I H K M A D P J J N X
I H M W Y G B J C L X C N E W I G
O R J B H O M E I T U V G A G B V
N I N V J P A G W H N G Y J C G N
F P G J W I H U J S Y R S X I P X
I X C A D T L W M H D L X O O O I
```

AROMA	FRAGRANCE	WAX
FLAME	WICK	DIFFUSION
SOY WAX	WAX BLEND	CANDLE JAR
HOME	INFUSION	FLICKER
CANDLEHOLDER	PARAFFIN	INCENSE
HYGGE	TEALIGHT	AMBIANCE

SELF-CARE

```
P A S N T S R H T L A E H L A T N E M I W
G X E I R A E X Y O E L O H D U R J H Q N
G S I P M D L L V Y J X T F Y H A Q F F Z
T T R G H T L M F Y R W S F G D O Q K Q Y
A R A S G I O C V C O U B M V K G G J A I
C E D S C M R T F R A U Y O M T T O W P E
K S N B D E E O G B J R U N D I Z O T N L
K S U K R M G L Q K P E H E H E Y L D V W X
R M O C B A A L C G S N E K G L C H K P N
N A B L T N S T T Q G A S K I E X A X V V
S N C A O A S X J N L K M P E T S B R T I
V A O S W G A T I T C S P E M K S I Z E G
E G R H H E M D H Q Q E V C Y X Q T I M K
B E N U Y M A Y F N E A I O F E Y S F F W
P M E P S E S S L L A B S S E R T S G P B
N E F Z R N X E S I C R E X E M C C S U Q
F N F K A T L H M Q J D D F W M R L Z W K
X T O C V T E A T K Q Z S Z O O E K V Q P
J O K A B Y S R C B G R L Q B Q M H W O T
B S S E N L L E W M K E S E M G R K H V N
S L I L Y D N U T R I T I O N U E B Z U W
```

WELLNESS	HEALTH	HEALTHY SNACKS
STRESS MANAGEMENT	BOOK READING	SELF CARE KIT
BODY CARE	MENTAL HEALTH	STRESS BALL
MASSAGE ROLLER	BOUNDARIES	EYE MASK
PERSONAL GROWTH	TIME MANAGEMENT	SLEEP PILLOW
NUTRITION	EXERCISE	GOOD HABITS

SELF-DISCOVERY

```
S S E L F U N D E R S T A N D I N G S G Y T
O C R E R G L M F O N E E H L D L G H A M W
U Q U X V U L N E R A B I L I T Y Y Z H B I
L P T P E E P A S S I O N Q N B O P S A Z A
S C N L F L E Q C K G N B A O U V W U M Q W
E O E O J I R O V I A X Q D I L W T J F S C
A D V R P Q S N C A N M X O T E H N V H J B
R L D A I N O I U G B Z Y N A E U G I S C F
C P A T T P N Q R K S Z R T N D W Y E H H F
H A Y I R G A A I P H D B T I N D L N K A A
I Y W O A Y L M O Q D C I P M T F K P D S K
N B X N N J E H S L H C R G A E N F J E J U
G Q D L S H V T I J I Y F A X Q S E L X A F
D Q G D F Y O S T T B E J P E K T F D Q Y F
W I X E O A L I Y Y Z O L L F S Q K A I V P
U A G W R I U W F C E O B G L U R D K Y Q F
Y P R B M J T U P U R E X P E R I E N C E R
T Y C R A S I A W A Y C Y S S R Y X N X J K
F A Q G T E O S T L A I T N E T O P D N A Y
A T H G I S N I L A N O S R E P L Y P V I R
I X F C O X O F Z Z U E O W V U F B F V Q N
F O T T N N L G P F S Q C I X S M Z C N A P
```

EXPLORATION	CURIOSITY	PERSONAL EVOLUTION
SELF EXAMINATION	SELF EXPLORATION	SELF QUEST
PERSONAL INSIGHT	IDENTITY	INNER SEARCH
PASSION	POTENTIAL	AUTHENTICITY
VULNERABILITY	SELF UNDERSTANDING	EXPERIENCE
ADVENTURE	TRANSFORMATION	SOUL SEARCHING

SERENE JOURNEYS

```
I  N  C  N  S  W  Y  E  Q  T  B  M  L  E  F  A  C
H  Y  I  J  I  U  I  B  L  F  O  G  D  S  R  I  K
Y  R  E  C  N  E  D  N  E  P  E  D  N  I  J  K  J
Z  A  G  O  J  O  U  R  N  E  Y  M  A  U  W  B  Y
Q  R  E  G  A  M  I  R  G  L  I  P  G  R  E  H  C
N  E  G  C  C  U  L  T  U  R  E  P  A  C  S  E  T
G  N  A  Y  L  U  G  G  A  G  E  P  W  S  I  N  P
L  I  Y  K  P  Y  C  R  T  N  D  L  K  X  R  A  P
E  T  O  P  P  F  K  A  R  C  I  Y  L  U  O  T  O
V  I  V  K  A  C  P  Y  O  Y  S  T  O  F  M  Q  V
A  V  O  P  C  J  P  R  P  Z  C  J  S  O  O  T  B
R  U  R  R  K  O  E  Y  S  M  O  P  D  E  Z  J  C
T  A  B  M  I  D  Y  U  S  S  V  E  T  R  D  W  Z
S  N  L  A  N  D  S  C  A  P  E  D  Y  P  Q  L  C
M  K  Z  A  G  Q  O  U  P  R  R  N  N  R  Q  L  U
B  N  W  D  F  U  L  O  F  E  Y  X  H  Z  U  X  Y
D  R  N  J  X  J  E  A  Z  B  E  J  L  X  Y  E  M
```

TRAVEL	WANDER	PILGRIMAGE
DISCOVERY	SOJOURN	CULTURE
LANDSCAPE	FREEDOM	INDEPENDENCE
VOYAGE	ESCAPE	JOURNEY
DESTINATION	CRUISE	PACKING
ITINERARY	LUGGAGE	PASSPORT

SERENE VALLEY

```
F P O R Z Q J J F T F J O R D
Y D G R A V I N E N B J O W E
I E Q E S R S V Q A L B I A D
B E Z W H O X H G M W L D W A
H M A O G B S R O O D T U O H
C L J L N K D U L L N A L O S
E X X F I P N L I U A L S D I
G D E D R T O F S N L Z S W Y
B L M L A H E C K G W S Q Z I
C C G I E S P O C Q O V G X V
Z R N W L T N N S R L T H J L
K S I P C G E Y W C V H Z M F
O K R V B D N S N Z V L C M D
X J P S E L A D C J B M M E L
T F S B L R T K Z Q U V I S T
```

CLEARING	OUTDOORS	RAVINE
HOLLOW	FJORD	WILDFLOWER
SPRING	MOUNTAINS	RIVER
WOOD	WILDLIFE	COPSE
SHADED	EDEN	SWALE
DALE	LOWLAND	CLEF

SIESTA

```
V U H H X S H K C A D L W Z N X W E
L A E B S S E C E R C A T N A P R X
R W J T R S J S K Z F V Q F P H R O
O C P O M S S R U F V P T Q B X A E
U N N M A E R D Y A D E M V D P F N
G O V J N N K R E F R E S H Q D T Q
N C E I U E P E F N M L L K W Q E C
A U Z X K L P Z O H L S E Z S U R F
L A K S H D A O Z D S T E P G F N R
L W P F A I N O L O Q H P U F L O O
V N F D D R R N V X O G Y D E K O N
P E W A E Q E S F V F I F T F D N H
N I Z S X X W L S W C L H U J R L U
L Z T O N L O F D Y J A G H E T U F
R M A H D L P J Y V R X S O Y P L N
S L S S E N H S I G G U L S D P L F
E Y E T U H S D Y Z V E X P X F T Q
O O N O R S D O T P D F M O T G U A
```

NAP	SNOOZE	CATNAP
LETHARGY	DOZE	REFRESH
POWER NAP	SHUT EYE	LIGHT SLEEP
SLEEPY	DAYDREAM	SLUGGISHNESS
AFTERNOON LULL	LANGUOR	LAZINESS
IDLENESS	RECESS	AFTERNOON REST

SILENCE

```
A W A R E N E S S V C M R O Y H U W
Y T E D X H Y Z U W A X E O X P M B
A C T C U Z Y X N U M N C M Z D I M
I C M V H W T J U F S O H U L O V U
N S K H X O O Y U E M K O F R H A T
F O C U S V R T R P D S L F R U G E
O H I P S N D E Y E X S P L O N T B
A J A T B O N T D U C E E I I N Q U
J C B S A E L Q Y U K N Y N V F D T
E T B B R L M I V V C I E G I P U T
W A S W V V O Q T M V T A S E Y A O
I G X M O N N S U U S P I A B T I N
E C I M L K P E I I D M C O S A M S
L I U Q N A R T L N Z E V L N A X G
E T J U C F C L Z E F T P B Y I O P
E M Q I X Q D S Y U I F T P J N V P
A G F E O E S I L E N C E R H W O S
I O R T S E Y R U D N B B N V F G M
```

QUIET	PEACEFUL	SILENCER
SOLITUDE	CALM	SERENE
TRANQUIL	FOCUS	MUFFLING
ECHO REDUCTION	MUTE	LISTENING
AWARENESS	ABSENCE	EMPTINESS
SPACE	ISOLATION	MUTE BUTTON

SIMPLICITY

```
M P U I V C M L Q O A M C V C K Y U
W V U P Y T I L A G U R F V Y Z I N
A C C H K C N I I K E S J L N M Y C
N C E L J C I S P A R E N E S S B L
E R U P L F M O Q X A D U X S A I U
Z C S X Y Z A R C X G P A U Y O I T
J D S Q I P L D A J K C O C T Z A T
X B E T X I I E L A M I N I M L C E
G F N P V K S R L I T E E V A M S R
W S T R E A M L I N I N G I O Y B E
V M C O I I F Y E C G Y T D Q K Q D
B U E F F E C T I V E N E S S M W C
A S R W Z S E F T R E S L B Y L Z R
S E I W U R F P A S T R W T B J W K
I H D H P E W E S Y F R W T E G O Z
C Y T N O G L E D E N R O D A N U J
Z K U T J C N N N P L S L H F T M D
Z B M W K X D Y P L A I N N E S S L
```

MINIMALISM	UNCLUTTERED	ESSENTIAL
BASIC	PURE	CLEAR
MODESTY	PLAINNESS	FRUGALITY
SPARENESS	UNADORNED	EFFICIENCY
EFFECTIVENESS	DIRECTNESS	MINIMAL
UNPRETENTIOUS	ORDERLY	STREAMLINING

SLEEP

```
H L C Z N W A X N F R V T D S Z
Q I V N Y D K O I W S Q R F T S
J F B J H U F Y G C U M O Z N I
H G O E L T N B H Q O G J X R F
I K O R F F O T F I R D R C X
S B S O M N O L E N C E E R R M
T U E N X M A W S H S B B O U A
C W Y M O Y K T I Q N E M K J Y
Y F P P C R A B I P O G U C W S
S U T I B N I X F O C R E M K S
W R E L G G U N S F N A I B N U
O Q K L L P A D G Q U H B O D L
R W N O D E R I T P Y C R R B T
D W A W D E E P S L E E P J S Y
I F L N A O R E S T O R E L W K
L A B M B S B Z S W D B G R B J
```

HIBERNATION   SOMNOLENCE   RECHARGE
DREAM   NIGHT   BED
SNORE   SNORING   DEEP SLEEP
DRIFT OFF   TIRED   DROWSY
SNUGGLE   BLANKET   PILLOW
UNCONSCIOUS   RESTORE   REM

SLOW LIVING

```
G L S F H L X Q O D B I C V U N V M R A O G
T V F I W T F A R C L U F D N I M E J R H Q
S R U N D U T J G L B I M Y I K J D F O M O
R U G E E A R A R K Z H I N N I S J M S H I
L W H N A C O E D V O T T I D I G E F U Y K
V R C E I Y O M L P Q E N S L R S R M S I R
E W B S C V D M S A N U L T K T Z O R T I L
J C L S J U I C M T X O D M E N K M K A P S
T I O C D U D L I U W E V A P S Z S Z I Y E
C C D G E K H O L T N P D O E V Y I H N Q C
T S F N P R N S R A L I C P K V G S B A B A
Y Z Y I N A U A G P N R T B A A T S J B B P
P P M V L K V S O G L O E Y W C E E R I Z S
U G U I V E G C A O S A I R T D I L Q L S T
G E T L L B J J F E Y Q C T H P M N X I Q E
T Y Y L E R U S I E L W G O N V O Q G T B I
B M V U R A W D A J I P H H L E I W Q Y G U
L Q K F O R J Q V W K R O I Z X T S O I D Q
R E H T N E M Y O J N E P N Q W T N U X B T
C M T R E P R E S E R V I N G W H A I A X K
N C R A F T E D G O O D S I Z A H R G G M I
L O O Y M A I O L H O R C J S D M Z R A S L
```

HOMESTEADING	PRESERVING	MINDFUL CRAFT
INTENTIONALITY	LEISURELY	INTENTIONAL LIVING
ARTFUL LIVING	SLOW TRAVEL	COMMUNITY
SUSTAINABILITY	RELAXED PACING	ENJOYMENT
PLEASURE	QUIET SPACES	LOCAL PRODUCE
CRAFTED GOODS	FINENESS	LESS IS MORE

SOOTHING LANDSCAPES

```
N K M P L E F Z A B H U A O H T N Q P G
J E E W N T L G X K X P Q W P Z P A A R
U E E E V I S N A P X E A C Z L I E H D
P N U R H F W I Y H Z T Z X I Y Q G P R
P A K T G U E L K P H R Q A B J U O U B
J T Q X F X I A V A M A J E S T I C T M
C U A J U Z V E V J W H N P Q X E G W O
S R X X L K S H R Y S N E I C V T A A X
H A P O K L U S H C A N O P Y P P U T C
A L D L J T O U F L R U S T I C O L Z D
D H T E A F I H C G N I R I P S N I V R
E M M R X P N O F L N C I L L Y D I K E
D Q Q K F G O M Y U A I E A K H M F E A
G Y T U E V M R S F M J X A D H M O T M
R Q M L X H R J T I C X D A T H A H D Y
O X X B P S A M V T P C A Z L Y V I K D
V D N T S S H Z M U B A V Y O E T K M Z
E L A V L U F E C A E P C G N F R U J B
C B P S F Z I N S E J F X S T M Q O J J
S C U V G K W I A B J R B N E P O C G U
```

LUSH CANOPY   PEACEFUL VALE   HARMONIOUS VIEWS
BEAUTIFUL   NATURAL   GREEN
OPEN   EXPANSIVE   SHADED GROVE
MAJESTIC   RUSTIC   IDYLLIC
INSPIRING   RELAXING   HEALING
DREAMY   ESCAPISM   QUIET POND

83

SPA DAY

```
Y  R  O  Y  O  E  N  E  N  O  T  S  T  O  H  P  W
I  P  X  A  B  B  U  R  C  S  Y  D  O  B  C  P  G
S  L  A  I  C  A  F  S  S  Z  C  W  U  P  R  C  F
X  H  B  R  M  L  Y  G  S  T  X  P  G  K  Q  I  Y
I  N  I  E  E  O  B  P  S  I  E  Q  W  R  Y  S  Y
E  W  S  H  X  H  I  X  H  H  T  A  P  E  H  U  V
Q  R  U  F  F  I  T  F  Y  T  Q  P  M  F  S  M  X
L  I  U  X  O  H  W  O  D  A  B  I  E  R  K  T  K
K  A  C  C  L  H  O  X  R  B  U  L  H  E  O  F  D
E  R  U  C  I  D  E  P  A  D  C  X  S  S  D  O  V
Y  L  E  P  A  N  I  J  T  U  Y  Z  A  H  F  S  M
L  U  U  B  T  V  A  S  I  M  N  H  U  M  L  P  W
I  Q  T  O  I  A  P  M  O  W  W  D  N  E  N  X  A
A  O  I  G  O  A  P  M  N  O  S  L  A  N  G  F  X
Z  U  X  M  N  T  N  E  M  T  A  E  R  T  F  V  W
H  R  H  A  H  E  R  B  A  L  T  E  A  U  Q  W  C
F  X  I  Z  Z  U  C  A  J  W  F  A  C  I  A  L  I
```

HOT STONE	PEDICURE	MUD BATH
MANICURE	EXFOLIATION	TREATMENT
HYDRATION	FACIAL	BODY SCRUB
SAUNA	STEAM ROOM	JACUZZI
FACIALS	DEEP TISSUE	SOFT MUSIC
REFRESHMENT	HERBAL TEA	HYDROTHERAPY

STARGAZING

```
A A T C I R L O G Y L U J A J J J V W
S S F B O D V O D C I M S O C P B S O
G Y D G M N B I D Q F I I P Z K L A D
O B Z M Y J S H A X L W D L R O H S J
B T J U S T V T I K A Y F A V B T H N
A O S D T D S T E N A L P N V R Q R O
A L U B E N I R Z L G A U E V Y G T E
P F Z M R Z O R A Y L S Z T A G O O E
L Y A W Y K L I M T C A A A D K F B P
E P O C S E L E T M S K T R L O W Z R
G J J X V S M N E A J X K I C D F U U
M M Y D X R Z T T Y V Y D U O A J N N
E S Y K V A F Y I G V R I M L N Z I N
J W O N S K J W N M X A E A D D S V R
G W L M W T K P I G V M R S E B V E N
H G J A S W H H F H N T R R B H S R B
G S L T P O U G N N S P Y K F O T S A
G S S O H H C W I A I W K R A D S E E
W H L F A S T R O N O M Y W E A X P H
```

NIGHT SKY

PLANETS

ASTRONOMY

MYSTERY

COLD

COSMIC

STARS

MILKY WAY

UNIVERSE

ASTRAL

PLANETARIUM

INFINITE

CONSTELLATIONS

TELESCOPE

NEBULA

DARK

OBSERVATION

COSMOS

STILLNESS

```
U E D K Y T I L I B O M M I K U J H
N M S E F B W E H D G W N E D X C I
M O T B T I G J E B J Z O M E K Z N
O T I J Z P V T C N F G I A X U N A
V I L T M W U B L A N T T P I P V C
I O L F A M U R V I I H A Z F U K T
N N I B I N R C R W E L S A S G O I
G L M C Q Z G E R E F S S I N O N V
F E A B F K V A N G T R E T A P E I
W S G E C A B A T F A N C R R A I T
E S E Z W R L T N S L A I E T K G Y
T N T N S G N I G N A H C N U B X R
H V U A E I T T N E C S E I U Q H B
T V O F G Z S N Y C N A M R O D E W
H T K K D N O A O Y N Y U W B K Y H
M M X X G J A R T X R X C I F V U K
O K F Z N G Q N F S Q Q R S L B L F
P K C V C G A Y T E Q F B M A I I P
```

INACTIVITY	IMMOBILITY	STASIS
UNMOVING	DORMANCY	MOTIONLESS
STAGNANT	CESSATION	INERTIA
FROZEN	STAGNATION	UNCHANGING
UNWAVERING	MUTED	TRANSFIXED
QUIESCENT	UNINTERRUPTED	STILL IMAGE

STRETCHING

```
M D T Z G I Y R E L E A S I N G E C N
Y Z C O O L D O W N J Y C N T B B R W
C Z D V C O S H O X P M I O N T W A M
A Z J O P Z U H I O H I N I I N E X J
D F E I L E R N O I S N E T O N I N G
B Y L O O S E N I N G V H O J R S K Z
Y C N O U T P U M R A W T M U N H H B
F N G A D A X B O I M P S F X R A X S
L W V X M T G Z B S F L I O B D F E N
A I F R Y I D W I G N I L E Q P C A W
T Y M Z D C C S L O J A A G P Z N N M
A R U B T S E S I S X B C N Q K R J J
F V T C E T H S T B K I G A Q F T Y O
A F C C A R N T Y R M L W R U M L I X
Q E I L N E I S Q F E I T G C U W N Z
F P I T T T G N V T L T O C Z S L N V
C P P X O C J Y G G K Y C M T C R Z O
E B E N S H C K A J V J W H I L K Y I
X C N M J J O I N T M O V E M E N T C
```

LOOSENING	LIMBERING	MOBILITY
WARM UP	COOL DOWN	RANGE OF MOTION
PILATES	MUSCLE	JOINT
TONING	DYNAMIC STRETCH	STATIC STRETCH
PLIABILITY	CALISTHENICS	TENSION RELIEF
JOINT MOVEMENT	RELEASING	EXTENSION

SUNRISE

```
H H R P A N W A D G N I K A E R B Y U
V F R E S H S T A R T M R J A K T L W
G T R R M V Y E Z X P J J C R F L X X
Q D Z A X M Q V N W A D R A L O S U X
V L E D T U I L N R V O I R Y O L P K
R T M R I S D H A V P G M R V I Y I
X B B C E C G Q S I H N W Y I T G H E
T F E S C G M N R E I R K G S S H N B
O S R D U M N I I N S S N N E R T V A
M B I D N R N I R N N I A I R U B B Z
V M N M A Q F O F O R F R N Z B R E J
F O G E G W M A S Y F O O N B N E B V
O S L J W N N M F V S G M I U U A F J
F U I Q N D I L F Q F O L G K S K C P
T H G I L R A N I Z O O R E F K I A Z
V G H G C R J Y R G Z Q A B I N N V K
O Q T Y C I H T M O H S M W M R G T Q
L V F I R S T W A R M T H E P C V V U
D G C F M Q H N O X E J S N B U I I K
```

CRIMSON SKY	MORNING	LIGHT
ROSY FINGERED	EARLY RISER	MORNING STAR
EMBERING LIGHT	NEW BEGINNING	FRESH START
MORNING MIST	LIGHT BREAKING	SUNBURST
BREAKING DAWN	FIRST WARMTH	DAWN LIGHT
NEW DAY	SOLAR DAWN	SUNRISE SHIMMER

SUNSET

```
X K N G N I K S U D O W S V B M G L L N L X C
L U Y Y I F L T G B J D Y G W O I C L C F C S
C Q I V L K L F S W C A X I A P U R L Y M I R
A S O Y L O C F M B D O M V N E E T A L N F O
E M U Y K S N O R F F A S G I M H P F N O K L
E V E N T S H J O O W M I G N W R Z W Q I X O
Y S E G S V D D B P M K R X G A R K O J T T C
X L L N T F N E G M L A L C D M Y U D W I L N
G R M B I E A A H M P N N I A I R J A H S R W
T Y K M N N U R N S T J A T Y W R S H R N M V
S I E A Z Y G J E L I N C B I I U N S H A P H
H V X B R R W S H W T N E T R C O V Z S R H Y
C X P K B R E K E D E U R C N E H R H Q T V J
D I I R D I Y J U M B L A U S Q N Q S M E P D
A Z G X P D N S A W B D L N B E E U F C N S P
O E Q R L R K G X T M R T F R U D P O Z R A B
I V H Y I B O S L Q O W A X I H L R Q G U J A
D E E Z B R J K B I I P H C J C O H A X T C T
I N L T T L Y Q J L G K Y E D G T W L C H U
X I G E Q N O Z I R O H T E L R A C S Z O B Y
A N P T Q J Z G G H O T T Z L U S B N K N S V
A G U V L K H K A G I Q F P S Z W K Y K F N P
O E H Y M T P A K K J M U L J I F E B E V P M
```

EVENING
EBBING LIGHT
BURNISHED SKY
ROMANTIC
SHADOWFALL
DUSKING

TWILIGHT
GOLDEN HOUR
WANING DAY
END OF DAY
SOLAR DESCENT
SCARLET HORIZON

COLORS
SUNS FAREWELL
RADIANT DUSK
EVENINGS EMBRACE
SAFFRON SKY
NOCTURNE TRANSITION

TAI CHI

```
N E D I S V J E F V S G C R H W E M K Q I G J
A M K N A K W G I E P R Z H Z Z A N J K K D J
A R I Z O Q N G P M B F P S M M H X M H C F Y
J L R H A I M W G E V I B Q I D D D S E J Y O
V H G C J C T O N R T Y W O A O J H S H I Y R
R X Q K M U G A C I E G A H P Q T Z S I W H K
R K X C F L B T T D M R H L F E C T E S B D E
E Q U I F T T D X I M A J K R W N E N A W U C
V Y I R W I Z X U A D C A V W E N B L O A N L
M Y P C B V J Q D N U E Q K M K Z N L B V S Q
R S V U K A G U N K L H M E S I K F I N O P Y
D L A L V T R X W J X O V G G Z C W T Y T R D
D O T A S I C Q B T A O G Y N I X I S V N Y I
G W C R U O A W M Z M N N Q T I M R C F T I X
F Y V M A N L J E G A V R E H V D S I T L U P
G L A O E L S J N Y A S G B X D N M G V J O
D H P T Y U A I N T E R N A L B A L A N C E Y
X M I I Z L W I E E E D A N T I A N N T X L M
G P B O I O Y K T N K J M C O C J D Y M S U C
I I S N L T J Z E R U T S O P O X G D J I G E
W K Z F T S O U B X A H L D B C N O W G V C F
J Y G S T J K F P J N M H V C N A E E J V I C
C X I A P S U W Z Q O K N W Z W E R M M Y Q B
```

YIN YANG
CIRCULAR MOTION
DAN TIAN
TAO
STANDING MEDITATION
POSTURE

MARTIAL ART
DYNAMIC STILLNESS
SLOW
PINYIN
ENERGETIC FLOW
QI CULTIVATION

WUJI
MERIDIAN
INTERNAL BALANCE
JING
GRACE
FLOWING MOVEMENTS

TEA CEREMONY

```
A P S A T N U N G K J H N B I V
R P L R K A I S E K I N S R H B
I V B M J C T S L W F Q Q E H O
T Y B C T E U A P I W S J S H B
U L Z W I R T F M D S K Y P M Q
A F K N I E A K R I R N L E O O
L N F H E M O D A H C U E C E J
Y H A C H O S P I T A L I T Y S
N L J B L N M N C T R D I Z U F
W R X W A Y A E E V I Q D S E R
J Z O H H H T A A X U O S T Y H
T B H K J S C E Z E Q B N T W N
E G W A U A H B T P T N I H T A
D U I K D A A T V T C R I B M W
G P R D E T E A H O U S E B N O
A E Y S Z O V F C P K S X V H M
```

RITUAL
TEAHOUSE
KAISEKI
TEA
WHISK
UTENSILS

TRADITION
RESPECT
HOSPITALITY
CHABANA
CEREMONY
TEA CADDY

CHADO
PURITY
ETIQUETTE
BOWL
MATCHA
TATAMI

TRANQUIL LAKE

```
Q S Q K Q B S Q L X D S U G L C Q A
E D T F F E N C L A V E F M Z D C E
P C J I G R A E L C L A T S Y R C J
T I P L L W P B G F C I T A U Q A R
S B Q O A L T B E L E N E R L G U A
Y O O T O P S C L A V B I J O N K
I D E V K W P U P D O W R L J W S U
W S K W W D M I R C U C M Z U N I I
B A U O U P B E N F D V W G Z E W S
G F T A N O V E W G A S M A R L H R
P F K E I K D J V J S C M H A O Z B
W J S F R D Q T M N F H E G R D P W
Q T J D I S O T P L C V O E V S G K
U D U H Z F C I K Q L O L R V D F Y
T Y T I D I C A L P N I N E P E J L J
U H Y W Z G H B P Y N D T Q M S E A
S Q U I E T I N L E T Q C S W T S N
I N F R I P P L E S Q R Q G G E C B
```

RIPPLES	SHORELINE	CRYSTAL CLEAR
STILL	HIDDEN COVE	BLUE
AQUATIC	VERDANT	PLACIDITY
LAPPING SHORES	ISOLATED	WATERSCAPE
STILL SURFACE	ENCLAVE	COVE
QUIET INLET	EBB	LAGOON

VISION BOARD

```
K C O I J W B Z W D S Q H R P B D A E U Z A Y
X M Y L X I G Y Z J C P X N F I A B D F X N N
F Z X R G I D K I Y L P U Y O B T T Y S C U V
A H V R N A M E L F F A M B I T I O N S W L S
A N A N I Q X K A U E F L G S R G G G B V E H
T B T F T J K S B T P R Y N M Y N N C J N T H
E L W B T P Z F J U I W F I K H I M J O U M Q
T D Y B E Q R U V R S O Y N Y P L M T B H I T
Y N R F S T M T D E T E N N P Z L S F X A P M
Z H S E L E P U J C V A G A P D E X Q Y A F G
T M Q N A Q Z R P A U G M L U L T W X M R N D
J B W X O M T E G S J N G P I K Y G D G U K U
G X H P G I S F A T O Y F M A D R A J B R W E
X K M N O I T A Z I L A U T C A O R H Q H P V
X J U F W J M A T N I F R B O R T S J K T H O
G Q L O L F O I R G Q O H X L O S C E Y R C S
J X R D L W B M A I N I W F L Z L Y E R J W Q
Z D P P Z M U O K H P U I N A D A P V I T P Z
S H Z Z A I F T X R G S T X G Z U C T O Q X E
B L Z R M C K I N F I M A G E S S U K R Z Y P
S U A H L C G R R Y O U C U T L I Z L G C Y J
Z G N O I T A T S E F I N A M M V M B Y F J R
U R X D G Z X Z H Z E W F Z S J B K J U U O T
```

GOALS
ASPIRATIONS
PLANNING
MANIFESTATION
WORDS
ROADMAP

DREAMS
AMBITION MAPPING
FUTURECASTING
MILESTONES
COLLAGE
VISUAL STORYTELLING

AMBITION
ACTUALIZATION
IDEATION
IMAGES
FUTURE
GOAL SETTING

WALKING

```
B L G G I O P L O D D I N G C
N T B N T R U D G I N G G G B
P I B I I J B O E H G N N D R
A A B P A Y S G W C I I U W J
M G C P W X E S N H D L L Y K
B M C E P S B N C I F B A H S
L U O T V B U R R T M M I K X
I L R S X K A T H U Q A C C I
N O R Q E M S B B W O R O T N
G F Q R G Y K X Y K Q J S R P
U H G K B W I O A M U B A H I
J W O R F I T N E S S L I N U
L X D P F Y D G G B E G Y U X
P H Y B B O H P V L D H L L U
C E H U L E I S U R E O Z B D
```

RAMBLING
PACE
TRUDGING
BABY
JOURNEYING
PLODDING

STRIDING
FITNESS
SOCIAL
LEISURE
MARCHING
STEPPING

AMBLING
GAIT
DOG
HOBBY
ROAMING
MOSEYING

WATERFALLS

```
E Z P U U A W O B N I A R G Z N J
I W E K S W G Q O B K S A W S D L
S P O A G P N S U A B L P N M Z S
X T E L U V I R T V N C Q I R C T
K R R H F N M L F L S L F I B U B
B R O K H C A Y L H U V F K C D J
Z H S E G R O G O W Y W W E U R S
T C I D Z I F O W G A Y O I Y B C
D Z O B F D Q L E T A Y Y J A S A
E G N U L P L O E D A C S A C X A
E K N N D A L R R A E W T F R E T
L I T P F O C D V P F M U H X P I
B T H R G O P Y L T I C O D W W S
J K E Y U A Z H O Z E L P A W D A
G V Q R E T A W G N I H S U R W T
O T S I M N Z G V W Z L S I N D Q
K E F K I L T O G H D A S B R T C
```

SPRAY	RUSHING WATER	GORGE
PLUNGE	FOAMING	CASCADE
FLOW	WATERCOURSE	SPOUT
OVERFALL	SPILLWAY	OUTFLOW
RIVULET	EROSION	MIST
RAINBOW	GEOLOGY	HYDROLOGY

WAVES

```
T W K T O D D N U O S L H D
M A H U E D E E P Y Q G T B
H S T I S S E L D N E L D Y
T U C I T R T M A K E L T Q
Y F M O V E M E N T O K B Q
H S E R F K C U L H S A E U
R I K Y S A D A S E C A S Y
I C U R R E N T P K V A O Y
T I D E Z R G H W S L A E C
N M A U O B Z A Q T C R W B
W A K Z C L S T Y B E G B M
W N U V E H W M F W P K A Z
H Y B E A U T Y O Y Q A U N
U D V J N Q I P D X S E T R
```

OCEAN   BREAKERS   MOVEMENT
RHYTHM   WHITECAPS   POWER
SOUND   BEAUTY   WAVELET
CURRENT   TIDE   BEACH
COASTAL   SALTY   FRESH
DYNAMIC   ENDLESS   BACKWASH

WRITING

```
A W N B F B Z G E P I P Z E C R K I
W S T U E A E T C E C Q P H I C W M
T C C B E X P R E S S I O N J S M A
P X G P L G E N R E B L U D T A F G
V G T S I M P V A P J P P Y C E Z I
J Y Z Z N S U I I F P V L O H D W N
J S T Y G O R U I T G E M P D I F A
W G N X S N P E G R A M M A R N Y T
W C T O T R O S C U U R C Y G E F I
J Z Y R O T S L A N O S R E P A P O
B W U C L X E C I M E L F A R X E N
J H E Q A G X C S O W I Q C N O N J
V S I A L N A M Y E Z T D A J J W Q
S K B C L T Z M R V X Y P U Z W S L
U D Z M I U R E Y R O T S V A Q X H
G G W O R L G M S H U R O R R H C A
F P N M D C B X E F N H W G S Q Q U
T B F T H O U G H T S Q A U K M I V
```

PEN
NARRATIVE
COMMUNICATION
FEELINGS
STYLE
PURPOSE

PAPER
PERSONAL STORY
IDEAS
IMAGINATION
GENRE
CRAFT

STORY
EXPRESSION
THOUGHTS
GRAMMAR
AUDIENCE
PROCESS

YOGA

```
H P M J H S Q K W D G X W H S N I Q J L C Q
Y A Z F C J H C S F Y A I Y W M M M X R U H
Y P C P T P L O Z D B S T V J B V V K X B A
G O Z T E A E L O L W O B G N I G N I S O Z
R F G G R A I B W P R Z P Y T S L E U T M K
E C A A T S G A V I Z M W H R U J B T E P L
N D K I S M Y G L V W T G O H Z K A K L M I
E D Z O J T P O O R L R B Z G B J W O A D N
U S P Q J F R Y G D O I Q X A B X J W Z T K
O R E F E A A A V A D V U Z R T G Q P H A R
C H E S Z E Y D P D M R K E Y G R D X B F I
T F O R J S E L W H N A A X L L E O J W D F
A P B M O H R J D H V T T W I G T Q S R Z J
Z Y O Z H K B G Z I H V M G N Y S K G Z E Y
B A H D S N E L Q H S W L D H W L Q R R V F
N M E D I T A T I O N C U S H I O N P U R S
R P I I S T D M M J D B I I D E B D T J W P
D L X R O X S P J U E B H P I H U S N G J I
X A I H T G N E R T S E A T L J H Y J I H R
I N J X M L L Q N J B Y U Q D I Y Q O D M I
T K C Z N N Q G C K P H S F K C N S Q N X T
F W A I A G L H F V N Y K P L S Y E W C X I
```

POSE	STRETCH	BREATH
YOGA BLOCK	YOGA STRAP	MEDITATION CUSHION
DOWNWARD DOG	STRENGTH	PLANK
YOGA MAT	BODY	MIND
SPIRIT	PRAYER BEADS	SINGING BOWL
ENERGY	DISCIPLINE	BOLSTER

ZEN

```
P Z F E S D O V X Y E J J Y N J H
H C V N H U V P G Y B Q I E E O G
C O H I I S E Z Z R H E R B J F
T U X H N H G M X H S R X O I W M
D N P S G L Q G Y A T V F S W K E
N W O S O I Y U A I M X X S B O I
Z A Z E N C U S H I O N D Y W A P
S K M S W N K D S D K F C O N N I
C O N I H S O Y N C S I G R J V P
W S E O W B V E W T H E N N R O H
W V J R V R Z M D D A K S H H F E
X O L L G W U D G H V J R V I U I
B P S P F S Z O I L Y A R O D N Q
X P O A H F N H D L K A B V V R K
R Y L I A G U M X O P O N D W Y E
C H N W Y Q N I C O J W T A Z A U
G E N O B W U I I M L W E L K F W
```

MUSHIN	ZENDO	KINHIN
KOAN	SESSHIN	ZAZEN CUSHION
SANSHI	BODHI TREE	DHYANA
YOSHINO	HOJO	DOJO
MUGA	JIRIKI	SHINGON
JODO	MOKSHA	GONGYO

ZEN GARDEN

```
E V L N Y T E H C G R A V E L C N F
E R U C I N P L X D B T T N T Q Q D
R P K D N A S N E Z R E V E V U B H
T C N D D X T A D A G L R Y J D U C
O U G U U A I N N B W R Q U N P Y C
K H D Y E A N Q U D C D I K I R B Q
G N R N S E U M T O S D D W E P L I
N D R C O I M E L B F C E T N S Q K
I G T E L P A M E S E N A P A J N T
G M I I T H I Q V N S W E P U O E G
B W T S O N O O A A C O K Z E F D G
S Y Y U E S A E K P H C M Y U I R U
N A S P Q D A L E V A R G D E K A R
S E N P E B B L E P A T H D O R G N
P K V D H W W Q K N W F Z W S N K P
Q A Z E V X J Y P D O E Q O I I C I
S R G B A P S U O D J T X C C E O D
Q M L I P U K O V B X O S Q Y R R K
```

SANDSCAPE
KOI POND
ROCK GARDEN
ZEN SAND
MOSS
DESIGN

JAPANESE MAPLE
STONE LANTERN
ZEN FOUNTAIN
GRAVEL
SAND
GINGKO TREE

RAKED GRAVEL
TEA HOUSE
PEBBLE PATH
WATER
RAKE
TRANQUILITY

ANSWERS

1

ACCEPTANCE

ACKNOWLEDGMENT	ASSENT	OPENNESS
WILLINGNESS	TOLERANCE	FLEXIBILITY
COMPLIANCE	ADAPTABILITY	DILIGENCE
OPEN MINDEDNESS	RECOGNITION	PERMISSIVENESS
EMPATHY	KINDNESS	CARE
SUPPORT	LOVE	HEART

2

AROMATHERAPY

LAVENDER	EUCALYPTUS	PEPPERMINT
CHAMOMILE	ROSE	JASMINE
SANDALWOOD	CITRUS	YLANG YLANG
VANILLA	BERGAMOT	CLARY SAGE
FRANKINCENSE	GERANIUM	JUNIPER
LEMON	ORANGE	TEA TREE

3

ART

PAINTING	SCULPTURE	BRUSHSTROKE
PHOTOGRAPHY	DIGITAL ART	POTTERY
MIXED MEDIA	COMPOSITION	GRAFFITI
STREET ART	ABSTRACT ART	SURREALISM
POP ART	IMPRESSIONISM	REALISM
CUBISM	EXPRESSIONISM	ART DECO

4

BAKING

YEAST	MEASUREMENT	MIXING
KNEADING	BUTTER	SHAPE
PASTRY	COOL	DECORATE
OVEN	RISE	TEMPERATURE
SUGAR	PRECISION	BAKING POWDER
PROOF	SHARING	BATTER

5 — BALANCE

DUALITY	PARITY	MODERATION
SYNCHRONY	RESTRAINT	ALIGNMENT
STABILITY	PROPORTION	CONSISTENCY
REGULATION	COUNTERWEIGHT	POISE
LEVELER	STEADINESS	COMPOSURE
SCALE	EQUANIMITY	HARMONY

6 — BATH

SOAK	TOWEL	CLEANSING
BATHROBE	STEAM	LUXURY
HYGIENE	SPA	EPSOM SALTS
SCRUB	LOTION	LATHER
SHOWER	DETOXIFICATION	LOOFAH
MOISTURIZE	RINSE	TUB

7 — BIRD WATCHING

BINOCULARS	FIELD GUIDE	CHECKLIST
CAMERA	PERCH	BIRDHOUSE
FEEDER	SEED	ZOOM LENS
HABITAT	MIGRATION	SONGBIRDS
SPECIES	NESTING	FEATHERS
HUMMINGBIRD	EAGLE	FALCON

8 — BREATHING

INHALATION	EXHALATION	DIAPHRAGM
LUNGS	CHEST	AIRWAY
BREATH CONTROL	DEEP BREATHING	PRANAYAMA
CARBON DIOXIDE	PULMONARY	WINDPIPE
NASAL	OXYGENATION	ANXIETY REDUCTION
ENERGY BOOST	IMMUNE SYSTEM	RESPIRATION RATE

9
BREATHTAKING VIEWS

PANORAMA	VISTA	SCENERY
PICTURESQUE	OUTLOOK	AWE INSPIRING
ENCHANTING	SUMMIT	COASTLINE
CANYON	WATERFALL	VALLEY
MOUNTAIN	OCEANVIEW	DESERT
CITYSCAPE	RAINFOREST	GLACIER

10
CALM MORNINGS

CRISP	MELLOW	UNHURRIED
BLISSFUL	LUMINOUS	RADIANT
REFRESHED	HOPEFUL	AMBER LIT
DAYBREAK	PLACID	VELVETY
MISTY	DEWY	GOLDEN
SILENT	SERENE START	PEACEFUL RISE

11
CALM SEAS

LULL	MIRROR LIKE	GLASSY
UNRUFFLED	AZURE	SMOOTH
RIPPLE FREE	CALM WATERS	HALCYON
VAST	CERULEAN	HORIZON
SUBLIME	LOW TIDE	OCEANIC HUSH
LIQUID SERENITY	SANDY	REFLECTIVE

12
CALM THOUGHTS

IMPERTURBABILITY	SANGUINITY	NONCHALANCE
REPOSE	FOCUSED	UNTROUBLEDNESS
CENTEREDNESS	POSITIVE	OPTIMISTIC
CONTENT	BALANCED	MENTAL CLARITY
MINDFUL	MEDITATIVE	MELLOWNESS
COMPOSEDNESS	UNPERTURBED	COHERENCE

13
CLOUD WATCHING

CUMULUS	STRATUS	CIRRUS
NIMBUS	ALTOCUMULUS	STRATOCUMULUS
CIRROCUMULUS	CIRROSTRATUS	CUMULONIMBUS
FOG	HAZE	SKY GAZING
WISPY	AIRY	FORMATION
OVERCAST	DRIFT	DAYDREAMING

14
COLORING

CRAYONS	MARKERS	COLORED PENCILS
PAINTS	BRUSHES	VIVID
CANVAS	PALETTE	SKETCHBOOK
GRADIENT	DYE	STENCIL
HUE	TINT	TONE
BLEND	CONTRAST	CRAYON

15
COMPASSION

CLEMENCY	MAGNANIMITY	KINDHEARTEDNESS
PHILANTHROPY	SYMPATHY	LENIENCY
CHARITY	CONSOLATION	ALTRUISM
HUMANITY	BENEVOLENCE	COMPASSIONATE
CONSIDERATE	HELPFUL	SUPPORTIVE
LOVING	CARING	HEARTFELT

16
COZY HOME

NOOK	WELCOMING	HEARTH
HOMELY	CUSHIONS	FUZZY
FAMILY	FLEECE	BELONGING
NOSTALGIA	MEMORIES	QUAINT
QUILTED	RUSTIC CHARM	SNUG
NESTLED	PLUSH PILLOWS	SANCTUARY

17 CREATIVITY

```
F Y I P X B T R G X R Q Y D D D S M C B
J W L N C I N O I T A V O N N I X F G Y
R T E I G R L Y R E Q S C L E X A D M Y
N J E X P E R I M E N T A T I O N I I R
W R V R O H N L C L I N B U I B O W V S T
N N P O Y F W U D V O R G Z B E I I I I
Q G V H J H R Q I I R J L Z G H T G S A
P H S A I I Z S T T P Q A Z E T A K I T
Z N L M O Z O N Q F Y U S T W F S O I N
H I S S E N E V I T N E V N I O I V N A
S Y I N B V O P H P E E Z A U T V J D U
E T U U N B E Y H K R S D B B U O M P Y
Y G R O M K R A P S E Y U R M O R C F J
Z F C B N O I T A N I G A M I Z P A V U
Z N H C J K T T G N K M Q G J W M S F C
U Q X B I S I S Y T I L A N I G I R O
C L E B H L L W L N B L D L E I Z Y C G Z
P G T N I R P E U L B P O Y V A D D A X
H K T T H C O N C E P T U A L Q J M M L
V X Y U A T J S G X O S J F B G K K H U
```

CONCEPTUAL	INNOVATION	ORIGINALITY
INVENTIVENESS	UNCONVENTIONAL	IMPROVISATION
CURIOSITY	ARTISTRY	INGENUITY
VISION	EXPERIMENTATION	MUSE
OUT OF THE BOX	VERSATILITY	WHIMSY
IMAGINATION	SPARK	BLUEPRINT

18 DAWN

```
F C T X S K K P I J S R L Z K U E A
C J F N A P G W U T O V M C P E Z A Y
N D I H O J M O D N J I G O K A E O
C P R S E I K S R V U V F Q Q U E D
V B S D H J T R M K Q S R V F T R J
T R T P S O Y A D F O K A E R B B G
L E R S S G N I N N I G E B W E N O
L M A J K O D R A I Z N V D N I W L
A M Y R U S O G Z V M B O I Q W A D
R I H L M A Q N K Z U I V I R D E N
O L G H Y Y E P W O V B L G D M C N
R G Y S O X L S C E S O E L N Q G H
U F Z C E R U I E B D D Y Q I X O U
A W A K E N I N G X I D R T G P M R
M H K A R M N Z H H W K E I A J B R
O P Y I Y R G K O Y T D N F B Y X B
T A S A H W G Z M N P X R A J S F
U E C V J I V K A O X I W N R I W W
```

GLIMMER	BREAK OF DAY	DAWN BREEZE
HORIZON	AWAKENING	AURORA
NEW BEGINNINGS	SKIES	MORN
SUNUP	FIRST RAY	ILLUMINATION
EARLY LIGHT	GOLDEN HOUR	BIRDSONG
DEW	SUNRISE	EOS

19 DIGITAL DETOX

```
Z R E Z Z K Q H G C V D Z K U B S A W
B P L S M D K E H T Z A D G P O Z Q T
D M V U D F E L I E P I C N U G V I D
P I Q T Z O U T D V S E Q E L T Y N L
J S G A I E W B C C B I G V M S P S S
Y B A I Z S E N O A U J H X K X V C E
R S L H T N F N T N R E P R I E V E Y
E C Y H R A N V A I M T D I Q C Y O Y
B R X C S E L B B I M F S E S U A P G
A E L E C L V B T C M E D I A F A S T
L P T Z C N G R Z S N P C D G G O Q Q
A N T N D L H Z U E G L C U W N T F B
N F D E T A R B I L A C E R Q A U F Y
C R X O B T E H O I P K Z Z W X U L E
I E D N J I X E G A G N E S I D N I J
N E D B U G V F R Q P F U L H L I N I
G X M X L I B E R A T I O N L S K E S
H E U Q G D V X D E G G U L P N U Y W
E B P F U L T C E N N O C E R P N Q T
```

DISCONNECT	UNPLUG	SCREEN FREE
DOWNTIME	UNDISTRACTED	RECONNECT
LIBERATION	OFFLINE	RECALIBRATE
DISENGAGE	UNPLUGGED	DIGITAL CLEANSE
DIGITAL BREAK	REPRIEVE	PAUSE
MEDIA FAST	TECH HIATUS	REBALANCING

20 DOG WALKING

```
P Y N J N B V F R B O N D I N G A A Q
T H Y H S I R N N E P I B E S N I F F
A E L D A Y L Y Y P L S S M I N Y Z
A C J N N O O M O H A W U S D G H D
N C X B V V P O C T Y A E R G K J I
L P B T B P P T I G T P G N B A O T W
C O W M R B E I H G I L T R T W U C U
P T N T A F C S H U M R L A W U Y K B
V T G G Y W A T S E E C H J L V E S
R Y F F B E N I W A N F A K H V P N M
E B P C L C I F T F K O J I U M D I O
L R E S P O N S I B I L I T Y H W T R
U E R W D K E X H I G L N E T Z U M
R A L L O C N O I T A Z I L A I C O S
S K J O Q X C R A J W B E F K P F R D
L W Z X J W C A E O V S Z K P B M A W
Y Z M G X V O T X E C N E I D E B O G
Q B R O C C E T F M H H Z H Y M M L
Q R O X A L Q V Q W Y I T T I Y N Y
```

PAWS	WAGGING	CANINE
SNIFF	COMPANIONSHIP	PLAYTIME
FETCH	ROUTINE	RESPONSIBILITY
BONDING	SOCIALIZATION	LEASH
COLLAR	TREATS	POOP BAG
OBEDIENCE	HARNESS	POTTY BREAK

DOODLING

V	Y	H	N	O	E	U	W	V	R	G	K	H	Z	J	R	H
S	C	U	Q	C	Q	F	T	Q	S	H	A	P	E	S	Q	R
A	S	G	N	I	K	R	A	M	R	T	A	Z	X	T	V	D
C	L	X	N	S	V	D	E	S	U	C	O	F	N	U	X	L

(word search grid)

DRAWING
DOODLE PAD
ILLUSTRATING
SHAPES
FREEHAND
BOREDOM

SKETCHING
UNFOCUSED
SWIRLS
LINES
MARKINGS
CURVES

SCRIBBLING
MARGINS
PATTERNS
ABSTRACT
ZONING OUT
INK BLOTS

DUSK

(word search grid)

CREPUSCULE
DUSKLIGHT
DIMMING
SUNSET GLOW
AFTERGLOW
DUSKY

EVENFALL
SHADOWS
OBFUSCATION
NOCTURNE
NIGHTSHADE
EVENING HUSH

HALF LIGHT
SILHOUETTES
NIGHTFALL
EVENSONG
MYSTERIOUS
DIMMING TWILIGHT

EMOTIONAL BALANCE

(word search grid)

EVEN TEMPEREDNESS
EQUIPOISE
INNER HARMONY
STEADINESS
EQUANIMITY
POSITIVE THINKING

NONREACTIVITY
UNFLUSTERED
REGULATION
EMOTIONAL SYMMETRY
TEMPERANCE
MENTAL FORTITUDE

MODULATED
ISOTONICITY
SELF CONTROL
CALIBRATION
COPING SKILLS
PATIENCE

EMOTIONAL INTELLIGENCE

(word search grid)

EMPATHY
EMOTIONAL INSIGHT
DECISION MAKING
CONFLICT RESOLUTION
MINDFULNESS
LEADERSHIP

PERSPICACITY
INTUITIVE REASONING
COMPASSION
COMMUNICATION
ATTUNE
TEAMWORK

SOCIAL SKILLS
REFLECTIVITY
LIASON
RELATIONSHIP CARE
PERSPECTIVE TAKING
RATIONAL

25
FIREPLACE

GRATE
HEAT
FENDERS
GATHERING
SMOKY
MODERN

FIREBOX
CRACKLE
ASHES
WINTER
HEARTHSTONE
ELECTRIC

MANTLE
BELLOWS
INTIMACY
FIREWOOD
TRADITIONAL
FIREGUARD

26
FLOATING

FLOATING
WEIGHTLESSNESS
JOYFUL
LEVITATION
GLIDING
GRAVITY

FREE
BOBBING
AIRBORNE
IMAGINATIVE
CLOUD
MOTION

BUOYANCY
WAFTING
EXHILARATING
SOARING
HOVER
SENSATION

27
FLOW STATE

HYPERFOCUS
SYNCHRONIZATION
IN THE ZONE
INTEGRATION
CONTINUUM
RESONANCE

UNISON
PRODUCTIVITY
TIMELESSNESS
EFFORTLESS ACTION
MASTERY
FLOW

ABSORPTION
SEAMLESSNESS
EFFORTLESSNESS
SUBMERSION
COHESION
PEAK PERFORMANCE

28
FOREST

UNDERBRUSH
FOLIAGE
EVERGREEN
LICHEN
CANOPY
WOODLANDS

TIMBER
GLADE
SAPLING
OAK
UNDERGROWTH
FERNS

THICKET
FERN
FOREST FLOOR
SHADE
GROUNDCOVER
WOODS

29 — FOREST BATHING

```
I Y W A A W M M A H C M X S V X F Y Z B R L
S P W I S I T T I N G Q Y X E B R S G E A S
W A F G S Q K N A T U R A L I S T I C H W L
T R P A U E F M S K B C N D M Z N O E J R Y
H E T K L V N H N V Z F S V Z S U E G Y I D
R H Z N R D T S R Q F Q X A M E L J S T Z F
V T H A E S B K O T M W O H U G A Y S G C W
F O T N E M H C R N E V Z R H E R W N U M
S C R R W D I F J F Y R E N E E R G J I I S
V E T K F O T D G Q I E B E V D O H T D D Z
U Z A R L S K M O V V E N P I M B I A L L S
X N L R L U S V N B M Y G G T Z R R E I Y S
N R K G T Y R B K L M Y G V A H A D I W N H
A I V J H R G H S J E U Q L G B W R E V B
I S T H M E I X M G B D X M I V E F E R H H
O O G U S T A N D I N G W F Z D L M V V V P
X A H Z R S E R E N I T Y W A L K Y E G G C
A K E V J A V R L S K C J Q T J I A R N Z X
J I Q B N A L H U C S G R A I D J L Q G T S
D N A K W T K E V W Z L K P O Z U X D Q P O
E G S Y O O I E H N W V P R N L E K U R W L
H A P F O R E S T I M M E R S I O N E E N D
```

EARTHINESS	ECO THERAPY	SOAKING
GREENERY	NATURAL	FOREST IMMERSION
SENSES	REVERIE	ENRICHMENT
SERENITY WALK	SENSORY ENGAGEMENT	REWILDING
REVITALIZATION	ARBOREAL	NATURALISTIC
SITTING	STANDING	EMBODIMENT

30 — FORGIVENESS

```
A P K L P Z K P E A C E M A K I N G I
P R R N A Q E S R O M E R S O H I Q K
R E D E M P T I O N S E Z P X H S R I
P P M C C Q C C Y H N Q S X P A P C T
V A I N Y O E M Z N O D R A P H I M N
Y Y A O T I I T C C X T J S V H D O B W
K T I N R H T M I I A V A X Q O I B D
C I T A E I E C A J L C P E I X V T Q O
O O A P C C C I R Z I O O B V N A U U
N N P E G M X T F O F A Y Z L P N C
D J L R E H V D I J T A E U E H L
O C U R R J T W R T R L M I P W N R D
N S C N W A D B S A U F E Y O A O S K
A Y X S Z W G Y K G P D P M F N X K C
T N E M H S I U Q N I L E R A J E B P
I C V P G N I N E D R U B N U H P X T
O W U G R U E H C I J P R K E X E V J
N S I E W V E C N E T I N E P T N G D
```

PARDON	MERCY	EXONERATION
REDEMPTION	VINDICATION	REPARATION
CONDONATION	PENITENCE	RECONCILIATION
PEACE MAKING	REMORSE	RELINQUISHMENT
PURIFICATION	REPENTANCE	RECTITUDE
UNBURDENING	EXCULPATION	AMELIORATION

31 — FRESH AIR

```
W S S E N I L N A E L C P E M B N
J Q E B J H O X Y G E N R O V M I
O P E N S K Y Z H N P O K M K C R
I N V I G O R A T I N G B K L F K
V W T I X D A G F Z I A M S X O M
X S T J L L J M P I Q O E I W G S
Y I E L I I E P M L N D A R O U B
U G K V G S K Y W A R D B Y S U R
K R E M H E W P N T H Y O N S T I
M O U N T A I N A I R W W I S J S
A L P I N E W G F V Z D S P E R K
J P L P E C G T F E M K C P N V E
I V Q I S U B N P R L H E Y L U E
S Z P O S A R N X R E J N D O T S
X V S Y J B Y S R O O D T U O D S
T B E X P N H G D W N T E S C U N
Y U N P O L L U T E D Q V C O U D
```

OXYGEN	OPEN SKY	UNPOLLUTED
BRISK	COOLNESS	MOUNTAIN AIR
LIGHTNESS	GUST	MEADOW SCENT
ALPINE	NIPPY	CLEANLINESS
OUTDOORSY	INVIGORATING	SKYWARD
REVITALIZING	BRISKNESS	ALIVE

32 — GARDENING

```
D Q Y P I D O G V P I C D I O N
N G O L T R O W E L G P N E P P
V N A C N D N R G A N O G H J L
I I D R O K D N E N I K Q E X X
P T Q Y D N C E T T N G A R U K
A T G G I E L G A I U W D B O C
Z O W H D Z N N B N R S Z S C D
Y P R P C I I B L G P L A Z M T
L J M S D L G B E G M I P W O H
T V C E L G U Y S D E K A D H G
L G E O B X E M W N O H V A R I
K W P U M H P O S F Q K R O L L
N X G O Z P J L Y F P V W I F N
T U O R P S O E D D E I O G L U
W B R Z S O D S E S N S E E D S
X U I N T X V X T G S S M M S R
```

PLANTING	GROWING	MULCH
PRUNING	SOIL	SPROUT
SUNLIGHT	TROWEL	COMPOST
VEGETABLES	HERBS	TOOLS
HARVEST	WEEDING	SEEDS
POTTING	POLLINATION	GARDEN BED

33
GENTLE BREEZES

SOFT GUST
BREATH OF AIR
PUFF
PLAYFUL
AIRSTREAM
LIGHT WIND

ZEPHYR
COOL
SUBTLE BREEZE
CARESSING
DRAFT
GENTLE FLOW

MURMUR
WAFT
FLUTTER
WHISPER
SUMMER
EOLIAN

34
GENTLE MUSIC

MELODIOUS
LULLABY
PIANO
BACKGROUND
EMOTIONAL
QUIET HARMONY

HARMONIOUS
SERENADE
FLUTE
SOFT MELODY
THERAPEUTIC
UPLIFTING

SOOTHING
PEACEFUL TUNE
INSTRUMENTAL
DULCET
SUBDUED
SITAR

35
GENTLE PATHS

WINDING
WENDING
SCENIC
COUNTRYSIDE
TRANQUIL TRAIL
MEADOW WAY

SERPENTINE
LEAF STREWN
FORESTED
MOSSY CORRIDOR
QUIET PASSAGE
COPPICE

MEANDERING
SHADED LANE
RURAL
WOODLAND AVENUE
DAPPLED ROUTE
LUSH FOOTPATH

36
GRATITUDE

THANKFULNESS
GRATITUDE JOURNAL
REVERENCE
BLESSED
HUMILITY
BLESSING JAR

APPRECIATION
CONTENTMENT
TRIBUTE
GRATEFUL
GENEROSITY
CONNECTION

THANK YOU NOTE
FULFILLMENT
HEARTFELT MESSAGE
THANK YOU CARDS
GRATIFICATION
AFFECTION TOKENS

37 — GROUNDING

```
G D U W R X Q S X R A I D V K M C T V U V V
E Z M D D U T Y A J Z Y W Q B B B C C P J U
J F J R O O T E D F Z J K V B O A X O P S A
S X Z U U S K M Q A E Y N W Z D S N R S A A
S T E R R A F I R M A T P M S O E Q E B A A
E Q E V O O D K A A L J Y W Q W L D Y R H N
N L K G R M A M E T Q T Z P I O I C U A B C
D A U A P H Y K I G I C H W I N N Q L A I H
E A J X C P R F J R Y V L A P O E M L O A O
T L E T Y L Q C U O E R E G R I S A X K M R
O F O C Y R O C Y U N X T G E T T A K H C I
O O Q L R K E M A N A E N R S A A P I H F N
R B C P J S D D R D I I K A E D B W L I A G
X Q M R D D E L F L R C H V N N I S I T A A
Y T I L I B A T S E R O C I T U L L D T C D
W D Z D T I R T H V H B H T W O I B Z E G Y
C H U D C N Q T F E M D J A L F T G B V A A
V O P R Q P E N R L H Z K S P Y Y B H B F W
G O C X R T S F A G R O U N D E D N E S S D
Z V E C I F W A T T U N E M E N T Y B S B V
N B H Q L B A G N I H T R A E O W S W A W T
Q H B V G N D X B J Z L M K D Y L J S F D J
```

EARTHING
GROUNDEDNESS
TERRA FIRMA
GRAVITAS
SECURITY
FOUNDATION
ANCHORING
TETHERING
ATTUNEMENT
GROUND LEVEL
CORE STABILITY
ROOTED
ROOT CHAKRA
BASELINE STABILITY
ROOTEDNESS
SAFETY
CORE
PRESENT

38 — HAPPY THOUGHTS

```
M P C V O S E R U S A E L P E L P M I S X C
L P L T S Q Q H D Z G U Y T I C I L E F E Y
R W Z P X S C Q U N T E R W A B Z I S Q K J
C D G J G O S S E N L U F Y A L P S I O X B
J H A P P Y R E U N I O N S J D G H E Q R B
W T I J Z M P E N C Q Q R O R J O T N Q I Y
Z R I L U S P E Y S R V Y G R B H H L C G O
N I W Y D R T V Z T U E D J P M J E U A N H
J M Q Z W H Q N M N I O J F G Q Y A F P F P
O V T B T S O Y E E C C Y O S T K R R G D L
U X C U Q M C O A M F S A O I S M T E P J T
M N M A Y U K E D O O I V V J C O E E K S C
U R X Y X K U Z P M J M E V I A I D H W A L
M T Q M U W L S X C E L E R Q V L N C I U B
N N O I T A L E A I C M X E M D Z E G T N J
N N T V Y R A A Y G N N N O C R Q A S Q R L G
C I G Z K M M T J L A T V R B F B S T T L I
I S V S I H B R P A L L O J I O E R S Z Y L
B B N O U U E A E T I Z D T N E Z R Z A Z D
D E J A Y G S U I S B S Q Y N K S Z A B C D
S N H E L S T Q N O U E U P H O R I A C Y P
C E N O U K B H W N J H C C J K Z I H E M B
```

EUPHORIA
ELATION
JUBILANCE
VIVACITY
WARM HUGS
SIMPLE PLEASURES
JOYOUSNESS
CHEERFULNESS
LEVITY
REJOICING
NOSTALGIC MOMENTS
HAPPY REUNIONS
FELICITY
MIRTH
LIGHTHEARTEDNESS
CHILDHOOD MEMORIES
PLAYFULNESS
CAREFREE MOMENTS

39 — HARMONY

```
H G N E O T X F S W T J A T Q O Y R O
S A G R E E M E N T G M N B V A N C C
E W R O N E N E S S E C O N C O R D N
L H K S T S N L T L X N I R H N X G A
A O W U S D J I D O T F T A Z L C Z U
G L L I L E S I P V B J A H U Z B C S
R E W A U O N C H Z E X R L S L R D Y
W N E S E G C S W Y C G O B A Y A S N
B E H N M D K S U O U W B C V R U Y R
H S T Y I U I O A O N T A B K E W M R
Q S C R R I I H F X I P L H W D J B G
M C G T U Q D R T K T N L C K R X I Y
E W H E Z Y M E B X Y A O N T O S O J
L K C M J Y B Q F I R T C M S N M S Y
O C O M P A T I B I L I T Y R Z J I C
D V W Y H B L N K Z A I L B Z A A S G
Y U E S H P G O V C C M U P O R H O X
R X H S C I N O M R A H S Q J T X D B
C L B M D H X F N O I T A R E P O O C
```

SYMBIOSIS
AGREEMENT
SYMMETRY
ORDER
COOPERATION
HARMONIOUSNESS
MELDING
CONCORD
HARMONICS
EQUILIBRIUM
COLLABORATION
WHOLENESS
UNITY
COMPATIBILITY
MELODY
ONENESS
SYNERGY
IDEAL

40 — HIKING

```
J B B B A R X M U B W O N M Q S E
S X H P A T H I O B V C A F A C Z
U U I X B C I U Q B A N T K R R S
T R F E W F K W O R I R N O T A B
N R B M P L I P B M A Y S R Y M Q
H A A S C E N T A I Z S E R B B R
J E V I Q O G T L C C K I I A L C
S W D I L P S H S O K Y L A K E S
M T N L G S E Q U I P M E N T G G
G O A N U A F N N L O G D C M D G
P O T C D V T G C W M Z Z E A I F
K F L R N R J I S L R E M Y Q R D
Y U I W Y A U W O G L L P V W M N
Q P Y P K F E G F N S A L Q R Q N
H W E S D I O A W S C I N W O F U
F A V A V S J E O K T X D G Y W V
K F D K S T D W U E O Z S M P W S N
```

TREKKING
TRAILHEAD
NAVIGATION
LAKES
STAMINA
PEAK
ASCENT
FOOTWEAR
RIDGE
BACKPACK
SCRAMBLE
EQUIPMENT
HIKING
TRAILS
DAYPACK
GEAR
CROSS COUNTRY
VIEWS

41
INNER BEAUTY

SOUL	CHARISMA	HEART
NOBILITY	CHARACTER	PERSONALITY
ELEGANCE	AURA	PURE HEARTED
AESTHETICISM	DOVELIKE	LEVEL
WELL BALANCED	IMPASSIVE	UNCONCERNED
LAID BACK	ASSURED	WORTH

42
INNER CALM

SIBILANCE	PACIFISM	APLOMB
PAX	NIRVANA	PEACEFUL COMPOSURE
AT PEACE	BALANCED SERENITY	SOLEMN
RESTFUL CENTERING	CENTERING	PLACID STATE
UNPERTURBED MIND	PACIFIED	GENTLE STILLNESS
EQUABLE	MEDITATIVE ART	HEALING CRYSTALS

43
INNER PEACE

BREATHWORK	HARMONIC SOUNDS	SACRED SPACE
GUIDED IMAGERY	INNER SANCTUARY	TRANQUIL MEDITATION
COMPOSED PRESENCE	SILENT RETREAT	SACRED STILLNESS
REFLECTIVE CALM	SERAPHIC PEACE	TRANQUIL HAVEN
BALANCED MIND	INNER SERENITY	GENTLE REPOSE
INNER SOLACE	SERENE BALANCE	SILENT HARMONY

44
INNER WISDOM

INTUITION	SAGE	ORACLE
KNOWLEDGE	ENLIGHTENMENT	SATORI
EPIPHANY	TRANSCENDENCE	SELF KNOWLEDGE
DISCERNMENT	JUDGMENT	PERCEPTION
OMNISCIENCE	SPIRITUALITY	PHILOSOPHY
GUIDANCE	TRUTH	REVELATION

45 — JOURNALING

```
R D X E O P B R D Q J D S Y O I V B B S E M
T S N O I T C E L F E R I O M E M J N V V I
S R C W J M Y X Z C F M L S A Z Z D K F K
Q U E M J O H T H E M O T I O N S B D T I H
D R E Z X T U O Y G Q S S U M R Z O Q D B X
R V J U Q O W R C X G Y G B E X I N U Q H K
E Z O Y G I V M N S L O M C H Q Q T O O X Z
M J D V M O C V G A T P O E E C J Q S C U C
D S V B B K L N N J L R E K P X A V G W F H
U G O L Y L I A D B D I Y R A I D A R K S U
K P S Y F S F T I K L V N B S Q X Z A T N O
X W P T U L I T E D R A D G Z O M B T O X O L
L N M M E W U E N L R T W Z P U N Z T D I I
G H T S C R P S Q R U E Y C T R G A V W T T
I Q X Y V I C M H I W T N T A D O L L V A L
B O V G N O K E A K I H Z N Z T Z M N Y R K
T W I G C I G M S R B O V S I G H W P E I F
J E B K A Z U O A J U U T E Y N G A Y T P H
R Z N B P J R R V T Y G G J L E F F R W S P
Y A X T V W B Y A J Y H Y T R T O J C S N A
J A E O R G A N I Z A T I O N K J D C Q I W
X G Z Q I Y N G Y L A S P H K Z G Z U D W S
```

DIARY	MEMOIR	ENTRY
DAILY LOG	JOURNALING PROMPTS	EMOTIONS
RECORD KEEPING	INNER DIALOGUE	MUSINGS
SECRETS	PRIVATE THOUGHTS	MEMORY
CATHARSIS	ORGANIZATION	REFLECTIONS
PERSONAL	INSPIRATIONS	SELF ANALYSIS

46 — JOYFUL MOMENTS

```
E N O T S E L I M N X P Y K A Y W
N C L H P R F X L U F T S E Z D N
K X Q T E K N A L B M R A W P Q M
B J P D W R M K E N O R A G W A D
C S N T E E O E S Y R S S C X S N
M O S N H C R U U E N H Z N W V O
W C A I N G N L C H I R P Y R V D
A H O Y L N I A L S N K A B E G I
S C H Z I B N L I V G K R M T T P
A J O N Y F G E E D W U E V H J P
T K E F E P P N X D A H Q L G Y U
I S P S F U A U I I L R T I U H C
S N G B F E P J A N K H T B A M G
F O P U N Q E I A G R J L F L H J
I U N P H L R Y S M R O I A O D D
E D W M H R G R P C A M M O Q S H
D M E S I R P R U S V S F C D T D
```

CHIRPY	DELIGHT	SUNNINESS
LAUGHTER	FUN	HUGS
ZESTFUL	SATISFIED	MORNING BLISS
COFFEE	MORNING WALK	MILESTONE
WARM BLANKET	SURPRISE	WONDER
MORNING PAPER	COZY PAJAMAS	SOFT RADIANCE

47 — KNITTING

```
V A V D N L H B H Z D L I I K X G N M
W P S T S Q V T F K W W K Y B A P V S
G Q E Y M E P F D N M N Y B N C Q H T
R A R I A S H S V I I D K X C J L B E
P Q U T B Z Y C Y T K Q K Q P J V P N
A S T G O R A L T T N T B C K M L K I
T N X W E P G E R I I Z U G K W Y O O
T F E E L K D M I N T P X K C N B Z M
E X T X T F J S O G L S K O E I D K C
R L O V A Z R T P C S E L D E E N H C
N J R B K R S S C I A O B C R K T W M
S O R W Y A R N B R R S F L E S U A O
L I I O C Z X C N C J S T O S D Q G B
C V B O A X V R X L F X G O J D C M Y
F R B L B P R O J E C T X P F U R T V
N F I Z L O F C A F E X M F T F L K J
H A N Y E F F H B Z S V G I A O I G B
K I G X H S C E T L V A B J T D G K
V T K M U S S T G Q C K T O F X H G Q
```

YARN	NEEDLES	STITCHES
PATTERN	CAST ON	GAUGE
RIBBING	CAST OFF	WOOL
SKEIN	LOOP	KNITTING CIRCLE
TEXTURE	COLOR	PROJECT
CROCHET	CABLE	KNITTED FABRIC

48 — LETTING GO

```
L C M R K K Y Z L S O S B G R
E E G Y E B K G E R F A G J L
S V T V K V H X U A Y T W L Q
O V D T D A E V L O S S I D E
O A B E I L B S F H Q U Q D G
L H T D C N E U N B U R D E N
T H N Y E O G I E S J T I T A
E U S E S W M B Y U E G S A H
L Q L A A Q S P E R V Y B C H
F O R F E I T W R R L D A H J
F N U Q L L V V H E O I N M V
N G I S E R N I E N S O D E J
H T F K R J N U W D B S L N P
L I B E R A T E H E A O G T A
G E D R F T I D C R Z C U K E
```

RELEASE	SURRENDER	UNBURDEN
RESIGN	DETACHMENT	LIBERATE
SEVER	CHANGE	TRUST
FORFEIT	DISSOLVE	YIELD
LETTING BE	LET LOOSE	DISBAND
UNLEASH	DECOMPRESS	ABSOLVE

49

MASSAGE

```
U Z J Q N B N U I Y C L Z K Z B X A H K W
D S Q X F M P J J G X N V E H C J O X S M
K S M G N M F X N D O O A G Q T N U P V M
J E L M O S F J D N A I X F S L W J J G L
U M P A I N R E L I E F W A V S T O F B I
B L Y S T Y E A D P X I Q W C W O M J Y A
G E G S A R X F B O X X Z D I O U M A Q F
W N Y A R S I T G C U R L J R S C T O K E
I L P G B C V L W E Z L Z D C H S P F I I
A S A E I S D N S Q X R N L U W C O Y F L
A I E R B V K C G D Q E M E Y L K Q O O W E
D N E A B U A N N L P R P C A W S T L Q R
D S H L B U H H L I E K U S T A I H S N C
U O T L I S A O S L R O K Y I W W E M W H
P R E S S U R E A A C E K O O V E R A S O
D Y I W W K H X C H U U P B N V I U L V H
Z D R V Y U B U W S J M Y R Q B I Q C K E
F T R Q G T T K O O S F I N A H X X G K E
Y Q U F I P C N M T I U U Q O P P C N V P
W D L O A A B F Q R O M K U X C J O Q A J
B E N O T S I W N Z N I O E Y F M W C O D
```

TOUCH
PAIN RELIEF
PRESSURE
PAMPERING
SENSORY
VIBRATION

MASSAGE BALLS
MUSCLE RELAXATION
STONE
THERAPY
SHIATSU
ALIGN

RELIEF
CIRCULATION
ROLLER
PERCUSSION
GUA SHA
SOOTHER

50

MEDITATION

```
O Y N J A L I C H U I N O C T L N K I G N
H E C J V L B O D Y S C A N U K W K Y A N
J A H A A W A Z A W C Y O T L S K A R C Z
F L A R D S E D W N R I B E L D L J T M P
U Q K C A N H Q N R T L L G E S D B U V N
A A R E I F B I N A U R A L B E A T S M S
F I A T X S F O Z X M N T S S N J I T O E
F I H I Z O U I T N U M Z H S O S K C R M
I A X C M N L M R J E A R U E T A K T E T
R P I O E A S N E M J L G R N S Q R D E M
M Q K N U I N E R V A N G L L A J I O E A
A G Z S K G X T R W L V U R Q A F I N N
T D I C C O F P R E V T I O F K Y N N G T
I V G I Z Z O A B A N C A O D A R G B J R
O R N O J N L N K B I I T N H R F F Z A
N R Y U F F L U R Y G E T T I C D I E H X
Y R T S D E T E X P Z H A Y M D A N E C N
J C R N W F Z Q J T E B E D W U E R R W T
M Z F E I L E R S S E R T S S V S M D R X
E F M S J D O M G V Q K U H S P P I I S X
J J X S P S E Y E T U N I N G F O R K E A
```

CHAKRA
SERENITY
MANTRA BEADS
BODY SCAN
MANDALA
CONSCIOUSNESS

AFFIRMATION
TUNING FORK
CHAKRA STONES
VISUALIZATION
MEDITATIVE MUSIC
WELL BEING

ZENITH
STRESS RELIEF
MINDFULNESS BELL
MANTRA
BINAURAL BEATS
AFFIRMATION CARDS

51

MINDFUL EATING

```
I G N S E U C R E G N U H K H W T V F E O L Y
J N H W S C A G D O A S T F B G S Y V W H Q D
L I F G O E I I M Y Z Y W F F R R Y A V K G B
B T X B V D N D V K J C E V Z Q P X M D L V M
K A F J Z E W E Z C N S N C G B X G E W D P A
T E J K L S R O R T D J M N P A D P A E S M H
B W U P U E G O L A D Z I A I H Y N L N V A V
J O C I K D A N U S W R L M O O J O T F K I Z
U L K W Q S D T I R O A X H S P R U I Z G L T
N S D I G E S T I V E H E A L T H R M I B E E
D W R D S I Z D A N A Q G V N N H I I Y L T N
J E S D S Z F S T F G R Z O I Z A S N Q N M R
V L K U E K E K Y P T R C U A T V H G S M J Y
R N J G N C X D W S N H R V C S M U S P T F
P O Z A L O N A X J O V Q Y B D H E I H E S E
D L T N L P I J N I Z S Z P T R B N G I Y M F
N C X L U R A N T S K E C I O H C T T I A E M
S X H X F G K R N J M E J N D I M A A H D L Y
H W E I I F O J J M R F D I G E S T I O N C S
M O Z U W P I Y N K Y X E J P T X Q X K C Y U
E Q Y D I K N T U H I T W C E P O M O H R U R
X J X E T Y D W S A V O R T N I P B N U L H H
E E A X E P G J A O S T L X M R Y H A N Q T N
```

SAVORING
NOURISHMENT
CRAVINGS
SATIETY
EATING RHYTHM
DIGESTIVE AWARENESS

SAVOR
SLOW EATING
DIGESTIVE HEALTH
MEAL TIMING
CHOICE
DIGESTION

TASTE
HUNGER CUES
PORTION CONTROL
FULLNESS
SLOW DOWN
SNACKS

52

MINDFULNESS

```
A W T A X Q O Y G P E D I A S U C O F G B Q N
A D Q E X C H T W B X T U C X E N E A K Q S W
F Y L I U E Z I S S E N T R E L A N D S K F N
A G J Y U F E V Z S U C O F L A T N E M G W G
H C A A J A Y I E H X F N Q A V T L O S D G Z
Y Q C Q T N J T P M N H V A X G F J I W G E V
S N Y L D T S I R R H W Q Z V O J X V A P F L
B E P D U H E S Y L E O S G B R X P G U R X P
U B S G S U P N E I D S S S S E B B E U M
L W B O J X V E T O J S E E K X Z S T A S H Z
W D U E X X O S W I J R N N N O R C S D E B Y
L B G V I N L B V P V T M E C V W E K O N Z F
U A W Q E S A O S A I E L Y J E Y P N S T G V
C Q E X C H X F T E M W A C T M O K J K M D S
I B Y I N Z P I N O R O C W Z I R F A M O E T
D R G H A I O C O V V Y A Q U N M A T S R J C K I E
I D C Q L N E R U P U O A T S R J C K I E
T V V P I N T R O S P E C T I V E P A G N D Y
Y X O X F M J A I U C F W I L E N L W T D O
T Z X P I S C E C N A Z I N G O C K E P G P
K N W U V V E S A T M V G A A K N W L S C G Q
M C Q U E A A L K B Z H S Y I I Y G A A N S W J
O S B V U V M P H W R J F Q T J X R L C J Y W
```

OBSERVANCE
INTROSPECTIVE
SENSITIVITY
LUCIDITY
SELF OBSERVATION
PRESENCE OF MIND

SENTIENCE
ATTENTIVE AWARENESS
VIGILANCE
COGNIZANCE
OBSERVATIONAL
QUIET ROOM

PRESENT MOMENT
CALMNESS
ACUITY
ALERTNESS
MENTAL FOCUS
FOCUS AID

53 — MOONLIGHT

```
J R F D F L G M U L C E Z W U L T P S
X W D G L O W U L U D A Z Z N H T S I
A P S S M H Z D R O W Z G X U G X L N
M M H T Y M U L L V D A C P A Y U W L
I W A O A S L N B J L V X P T M E G G
N O B G S R D O W I I M U I I V G K M
S Y R F I P L J O M M V H N N N Y K F
E J F P H C H I L P A L E L I G H T Z
E B M D V C A O G C L S B N G S W B I
P A M X F O J L R H C B E F M P O G E
B W L K H C H E A E T T C H P N D M N
U Z L G J T S R N Z S J E D I B A F F
R S C V A C H C U I Q C L T O H L Q
L T T K E P E Q L Z H S E U Q F S Y K
Q V M N P B L G F M B S S N Z B N Z Z
Y B T D L S I L V E R Y T R T E O W F
Y C A J G E I L J N M U I F W A O N P
Y H B D B Z R S G N I N A W O M M U U
N H M O O N T Y M O O N L I T S Z Y M
```

Word list:
LUNAR GLOW · SILVERY · MOON
PALE LIGHT · MOONLIT · MOONSHADOW
CRESCENT · WAXING · WANING
STARLIGHT · MAGICAL · SOFT SHINE
CELESTIAL · GLISTENING · PHOSPHORESCENT
GLOW · LUMINESCENCE · BEAMS

54 — MOUNTAIN RETREAT

```
V K T I P E R I F O B O E J O X C H
C E G N I M O C R E V O Y Z M N V B
V Z S V V Q A N Q G B J U B W U J M
T R X F F N D K H D Z L Q W O H Z R
O P J K N H B X B O V E R L O O K Z
T A J O L X I P D L T A J D J U H H
I E T N D D V D R N S U W T Q W U
U G D O I C V V E I T M P N W G B O
C A D Z I W B E C B A H Z D R E U V E
A O R E T S N A Q P T W R P J I G U N
L N E A O K U C R N P A A R V N W O
I E E E J E R E M O T E Z Y I P Y S
N A W L U X L Z R M L P O V M M X U
M R A E D Y I A X C V T U B M A O L
I Y L S X S M V H F L N X F U C N C
A Q I E Y G U Q A C L I F F S I D E
T U R V H F K T Q U I V U X U F A S
```

Word list:
SECLUSION · LODGE · CABIN
HIDEAWAY · REMOTE · CHALET
CLIFFSIDE · HOT SPRINGS · FIREPIT
CREEKSIDE · MOUNTAIN LODGE · CAMPING
SUMMIT VIEW · ELEVATION · OVERLOOK
OVERCOMING · RENEWAL · LOG CABIN

55 — NATURE

```
Q R I N V E R T E B R A T E P V F
M E G A L F U O M A C W A N S C G
P G I Q A I G J H F N J L D A T A K
G N H L P M N J Z T O A P A N R M
L E F O E T U E U B U B I N A G I U
Q V L W X V M S V I I N K G L I I
Q A O Q P O T M H O X F D E P V P
T C R J R C B Q M D S V R M O U
T S A A E J B E E I Y A A E A R K
A W I S D N E F U V F J T D M O P
K N N B A Q G R G E O S S W M U V
E I L G T F A X J R Y R I H A S P
U K Z F O H H G F S O F G S L S I
L C Q V R E V M O I O S B N S A B
Z B G P D V R C S T K C Q R A D W
Y M A Q G F E J V Y B U A J V M J
E L X G P O L L I N A T O R P I M
```

Word list:
BIOME · FEN · FLORA
TUNDRA · MORAINE · PLANTS
MAMMALS · ECOSYSTEM · BIODIVERSITY
MANGROVE · POLLINATOR · APEX PREDATOR
CAMOUFLAGE · SCAVENGER · CARNIVOROUS
INVERTEBRATE · ENDANGERED · INSECTS

56 — NATURE WALK

```
I J X X B J Q Z B F Z Y D Y A L
A N A X H T N S L W O D A E M R
I V G K S E S Y S S R G Z P Q E
S P N H C Q R D U C T O C N S Y
E Q D M N M R R X R Q R O C K S
I E U Y D I Y S E E R T O T U R
L R S I B U S H L A N D S L S J
F E G H R K A T O T O V Z Y L P
R G Z K Z R M F O I S S Z C A S
E R L E R L E N D O U A D T R M
T A S R E W O L F N H U E M Z N
T S I A S R B C S B K S L K W C
U S V Q S L B H K K N I F N S K
B E H O I E I Q B M A V X F Q S
S Q C G I N M A E R T S S O O Y
H J O R E R Q N T Q E X W X P P
```

Word list:
TREES · FLOWERS · SUNSHINE
CREATION · BREEZE · MEADOW
STREAM · BIRDS · LEAVES
ROCKS · BUTTERFLIES · SQUIRRELS
OFFSHOOT · GRASS · TRAIL
ROOTS · STROLL · BUSHLAND

57
NATURE SOUNDS

```
Q O Q N F S V I G B G N I Z Z U B
Q K E F R O G S K N N H U D Z Y K
L F O J K G R T J C I T S E J L S
R D K L X U A E R Z R M R W W L N
U W C R F O T I S H E A M O K N Z
S A D A C I C G C T P L T U R V L
T D X C Q K P E H H S N K K H A S
L Q A C E L X X A U I O R T N N Q
I F P T H Y K F T N H H U I M I X
N D S M J I A Q T D W O M N Y A F
G N I P P I R D E E J A W Z D R K
F G V V B X E P R R L U V L J S N
G N I L B R A W I S B F E E I V B
X R B H Z F D L N N H H U P S N B
Z R L C B G P H G B G U O B U Y G
P U H J S F C I W I N D Z O B S T
J F Y C O I E I A M Y U J G N S S
```

HOWLING	WIND	CHIRPING
CICADAS	ANIMALS	RUSTLING
WHISPERING	CRICKETS	FROGS
OCEAN WAVES	THUNDER	RAIN
FOREST SOUNDS	WARBLING	DRIPPING
CHATTERING	BUZZING	HUMMING

58
ORIGAMI

```
N A K O G I D G E O M E T R Y B V M Y F G
Z E G L G X Z C X D B I E F X R D T X V X
J I N D A E K Z P L H M C S D S D J V C O
M Q I S Y N E N R X I M Z L F C R O U A N
A H T C A W O Z E T W P A T I E N C E H N
S F A H S A T I S F A C T I O N S M C Q T
T T R O Z F X A S E B T G P L W A X Z P E
E M T O W S P H I N D N U R N N A Q H B M
R I N L H N S O V G E E L G Z A F G S J P
P I E P V P P E E O C M R I B I Q F G M O
I O C R R Y A F N R H E I R L K W D W J R
E O N Y P A G K E E I V P D S B M Z X X A
C A O U C E F Y S D V E T I E M Q I P U R
E Q C N S A R D S Y B I U R T E R G M L Y
K B K I O G A F P L S H T G L L R U W V C
Z J R Q R C M O E R L C C N Q L K H O K J
A Z V U G E E L A C K A S Y E P O F T Q X
P C I E C L W D F J T E E H S T F A R C B
H W K C F S O I K I R I P V N K T J A U C
I T F J B U R N F F U P O P D E A A T N Y
Y M A T D Z K G D U N W I N D I N G H V K
```

CRAFT SHEET	FOLDING	FRAMEWORK
EXPRESSIVENESS	PATIENCE	PERFECTION
GEOMETRY	MASTERPIECE	PASTIME
UNWINDING	ATTENTIVENESS	CONCENTRATING
ACHIEVEMENT	SATISFACTION	THREE DIMENSIONAL
OLD SCHOOL	CONTEMPORARY	UNIQUE

59
PEACEFUL HIDEAWAYS

```
G P P W E D F X V N J F G N D F
N O I L I V A P R E T R E A T G
Z R P L A Q O Q R P V S Q B O L
Q G F B O U A C S I P X L N R T
J J N V D I L B L S V I X L R H
W V H I B H R R P A D A X A I Z
F L C O T T A G E T V K T A L M
S E W J J I Q T J B S I D E A Y
E P W A E O V H U V Z N N F R B
C O X P J V U N J O A S U E O O
L T E W V T G A I R F S P D W
U S Y X O A D N E X Y T Y I A E
D T C V L C B V X E F F T Y F R
E S U O H R E M M U S O I A H N
D E W L P K Y O L F F L S N A I
Z R R J H K H Q W C P P L L P L
```

COTTAGE	ALCOVE	REST STOP
BUNGALOW	SECLUDED	PRIVATE
RETREAT	VERANDA	DEN
PAVILION	SUMMERHOUSE	LOFT
HOMEY	SAFE	INVITING
HUT	RESTFUL	BOWER

60
PEACEFUL PARKS

```
S O D T U Z O C F X F O U N T A I N X G
T C J O P E N S P A C E S S Q V Y F H H
J K V W G U L S E X H F C L O G K C H R
W G H N D O N R A F K D Z S N W P C N D
M P K O G T D E U E A O M O G I O C N E
Q D X G E K L C R X R A B P W Z E E E B
U M Z S U T P R W D C A H E X I L C B I
X J E N X T F E Z O L C C V Z L R D I H
Y K C U I I B A D J J I S I Z A U S K A
W N B Y L D A T P B Z C H T N I G H I P
G P R J O G G I N G E S M C S C N T N E
U P L A Y G R O U N D S C E N O I A G E
W T I Q G T M N I E C V Y L I S T P G U
G C H Z D L F C B I G V Z F A O I T P U
T E P Z W E V R N V W N X E T L T O L I
M S C F I I E C E C C H H R N F Y O U H
G N D T E W I F I E Y M V W U G F F O W
X H B W O P K A H F C K I H O J W C J C
T G S L C Z L A T S F R I P F H K Q P B
E M F D B O S Y A W K L A W P H Z Q F I
```

WALKWAYS	FOOTPATHS	GAZEBO
PICNIC AREAS	RECREATION	FOUNTAINS
SOCIALIZING	CHILDREN	OPEN SPACES
PICNIC	PLAYGROUNDS	JOGGING
BIKING	FLOWERBEDS	SCENIC VIEWS
BENCH	FOUNTAIN	REFLECTIVE POOLS

61
PEACEFUL RAIN

SOFT
SPRINKLE
TEA DRINKING
ATMOSPHERE
INDOOR
SMELL

GENTLE
VEIL
BOARD GAMES
MOOD
WINDOW
CLEAN

RHYTHMIC
TRICKLE
SPLASHING
COZY
RAIN WALK
REFRESHING

62
PETS

RAT
FISH
HORSE
HAMSTER
SNAKE
PUPPY

CAT
REPTILE
RABBIT
FERRET
TURTLE
KITTEN

BIRD
RODENT
GUINEA PIG
LIZARD
TORTOISE
COMPANION

63
POETRY

STANZA
METER
VERSE
BALLAD
SYLLABLE
ENJAMBMENT

RHYME
IMAGERY
ODE
FORM
THEME
LIMERICK

HAIKU
EMOTION
SONNET
STRUCTURE
VOICE
ALLEGORY

64
POSITIVE VIBES

CHEERY
HEARTENING
INSPIRATION
SMILES
COMFORT FOOD
EXCITEMENT

PEPPY
REJUVENATED
POSITIVE QUOTES
GOOD FOOD
VITALITY
GOOD VIBES

BLITHE
MOTIVATION
INSPIRATIONAL ART
PICNICS
ZEST
FUN TIMES

OPTIMISM	HOPE	ENTHUSIASM
UPLIFT	JOY	HAPPINESS
CONFIDENCE	RESILIENCE	COMPLIMENTS
ABUNDANCE	POSITIVE FEEDBACK	SUCCESS
DETERMINATION	PERSEVERANCE	BELIEF
FAITH	EMPOWERMENT	PRAISES

BEING	REAL TIME	PRESENT
HERE AND NOW	GROUNDED	CENTERED
INVOLVEMENT	RELAXED	NEARNESS
TANGIBLE	NON JUDGMENT	BODY AWARENESS
SENSORY EXPERIENCE	CONTACT	ENGAGEMENT
LIVING IN THE MOMENT	PROXIMITY	ACTUALITY

CHALLENGE	PROBLEM SOLVING	LOGIC
STRATEGY	SUDOKU	CROSSWORD
CONCENTRATION	MAZE	JIGSAW
CLUE	CIPHER	CHESS
MENTAL EXERCISE	BRAIN TEASER	WORD SEARCH
COMPLETION	TRIUMPH	TANGRAM

BOOKS	STORIES	CHARACTERS
PLOT	LITERATURE	MANUSCRIPT
FICTION	NOVEL	CHAPTER
ENTERTAINMENT	INFORMATION	NONFICTION
EBOOK	STORYTELLING	LANGUAGE
LITERACY	COMPREHENSION	DIALOGUE

69 — REFLECTION

THINKING	CONTEMPLATION	CONSIDERATION
EVALUATION	ANALYSIS	INTROSPECTION
SELF AWARENESS	GROWTH	LEARNING
PERSPECTIVE	INSIGHT	UNDERSTANDING
ECHO	PONDERING	PEACE
CLARITY	WISDOM	REFLECTION POOL

70 — RELAXATION

HAMMOCK	WARM BATH	BUBBLES
TENSION RELEASE	REST	REJUVENATION
COMFY CHAIR	FOOT BATH	UNWIND
SUNBATHING	FUZZY SOCKS	MUSIC
WARM BEVERAGE	WARMTH	COMFORT
INDULGENCE	COMFORT ZONE	EASYGOING

71 — ROLLING HILLS

UNDULATING	GENTLE SLOPES	PASTORAL
HIGHLAND	CREST	FOOTHILLS
GRASSY KNOLLS	MOUND	GRASSY
WINDSWEPT	LUSH	PLATEAU
SLOPE	DOWNS	UPLAND
INCLINE	CRESTLINE	OUTDOOR

72 — SCENIC MOUNTAINS

SPIRE	IMPRESSIVE	RUGGED
BREATHTAKING	HIGH	PEAKS
VALLEYS	RIVERS	FORESTS
ALPINE	SNOWY	ROCKY
CHALLENGING	ADVENTUROUS	RILL
ALP	SADDLE	PRECIPICE

73
SCENTED CANDLES

M	M	W	G	A	F	V	W	B	Y	K	C	Z	E	V	T	W

AROMA — FRAGRANCE — WAX
FLAME — WICK — DIFFUSION
SOY WAX — WAX BLEND — CANDLE JAR
HOME — INFUSION — FLICKER
CANDLEHOLDER — PARAFFIN — INCENSE
HYGGE — TEALIGHT — AMBIANCE

74
SELF-CARE

WELLNESS — HEALTH — HEALTHY SNACKS
STRESS MANAGEMENT — BOOK READING — SELF CARE KIT
BODY CARE — MENTAL HEALTH — STRESS BALL
MASSAGE ROLLER — BOUNDARIES — EYE MASK
PERSONAL GROWTH — TIME MANAGEMENT — SLEEP PILLOW
NUTRITION — EXERCISE — GOOD HABITS

75
SELF-DISCOVERY

EXPLORATION — CURIOSITY — PERSONAL EVOLUTION
SELF EXAMINATION — SELF EXPLORATION — SELF QUEST
PERSONAL INSIGHT — IDENTITY — INNER SEARCH
PASSION — POTENTIAL — AUTHENTICITY
VULNERABILITY — SELF UNDERSTANDING — EXPERIENCE
ADVENTURE — TRANSFORMATION — SOUL SEARCHING

76
SERENE JOURNEYS

TRAVEL — WANDER — PILGRIMAGE
DISCOVERY — SOJOURN — CULTURE
LANDSCAPE — FREEDOM — INDEPENDENCE
VOYAGE — ESCAPE — JOURNEY
DESTINATION — CRUISE — PACKING
ITINERARY — LUGGAGE — PASSPORT

77 — SERENE VALLEY

```
F P O R Z Q J J F T F J O R D
Y D G R A V I N E N B J O W E
I E Q E S R S V Q A L B I A D
B E Z W H O X H G M W L D W A
H M A O G B S R O O D T U O H
C L J L N K D U L L N A L O S
E X X F I P N L I U A L S D I
G D E D R T O F S N L Z S W Y
B L M L A H E C K G W S Q Z I
C C G I E S P O C Q O V G X V
Z R N W L T N N S R L T H J L
K S I P C G E Y W C V H Z M F
O K R V B D N S N Z V L C M D
X J P S E L A D C J B M M E L
T F S B L R T K Z Q U V I S T
```

CLEARING · OUTDOORS · RAVINE
HOLLOW · FJORD · WILDFLOWER
SPRING · MOUNTAINS · RIVER
WOOD · WILDLIFE · COPSE
SHADED · EDEN · SWALE
DALE · LOWLAND · CLEF

78 — SIESTA

```
V U H H X S H K C A D L W Z N X W E
L A E B S S E C E R C A T N A P R X
R W J T R S J S K Z F V Q F P H R O
O C P O M S S R U F V P T Q B X A E
U N N M A E R D Y A D E M V D P F N
G O V J N N K R E F R E S H Q D T Q
N C E I U E P E F N M L L K W Q E C
A U Z X K L P Z O H L S E Z S U R F
L A K S H D A O Z D S T E P G F N R
L W P F A I N O L O Q H P U F L O N
V N F D D R R N V X O G Y D E K O N
P E W A E Q E S F V F I F T F D N H
N I Z S X X W L S W C L H U J R L O
L Z T O N L O F D Y J A G H E T U F
R M A H D L P J Y V R X S O Y P L N
S L S S E N H S I G G U L S D P L F
E Y E T U H S D Y Z V E X P X F T Q
O O N O R S D O T P D F M O T G U A
```

NAP · SNOOZE · CATNAP
LETHARGY · DOZE · REFRESH
POWER NAP · SHUT EYE · LIGHT SLEEP
SLEEPY · DAYDREAM · SLUGGISHNESS
AFTERNOON LULL · LANGUOR · LAZINESS
IDLENESS · RECESS · AFTERNOON REST

79 — SILENCE

```
A W A R E N E S S V C M R O Y H U W
Y T E D X H Y Z U W A X E O X P M B
A C T C U Z Y X N U M N C M Z D I M
I C M H W T J U F S O H U L O V U
N S K H X O O Y U E M K O F R H A T
F O C U S V R T R P D S L F R U G E
O H I P S N D E Y E X S P L O N T B
A J A T B O N T D U C E E I I N Q U
J C B S A E L Q Y U K N Y N V F D T
E T B B R L M I V V C I E G I P U T
W A S W V V O Q T M V T A S E Y A O
I G X M O N N S U U S P I A B T I N
E C I M L K P E I I D M C O S A M S
L I U Q N A R T L N Z E V L N A X G
E T J U C F C L Z E F T P B Y I O P
E M Q I X Q D S Y U I F T P N V P P
A G F E O E S I L E N C E R H W O S
I O R T S E Y R U D N B B N V F G M
```

QUIET · PEACEFUL · SILENCER
SOLITUDE · CALM · SERENE
TRANQUIL · FOCUS · MUFFLING
ECHO REDUCTION · MUTE · LISTENING
AWARENESS · ABSENCE · EMPTINESS
SPACE · ISOLATION · MUTE BUTTON

80 — SIMPLICITY

```
M P U I V C M L Q O A M C V C K Y U
W V U P Y T I L A G U R F V Y Z I N
A C C H K C N I I K E S J L N M Y C
N C E L J C I S P A R E N E S S B L
E R U P L F M O Q X A D U X S A I U
Z C S X Y Z A R C X G P A U Y O I T
J D S Q I P L D A J K C O C T Z A T
X B E T X I I E L A M I N I M L C E
G F N P V K S R L I T E E V A M S R
W S T R E A M L I N I N G I O Y B E
V M C O I I F Y E C G Y T D Q K Q D
B U E F F E C T I V E N E S S M W C
A S R W Z S E F T R E S L B Y L Z R
S E I W U R F P A S T R W T B J W K
I H D H P E W E S Y F R W T E G O Z
C Y T N O G L E D E N R O D A N U J
Z K U T J C N N N P L S L H F T M D
Z B M W K X D Y P L A I N N E S S L
```

MINIMALISM · UNCLUTTERED · ESSENTIAL
BASIC · PURE · CLEAR
MODESTY · PLAINNESS · FRUGALITY
SPARENESS · UNADORNED · EFFICIENCY
EFFECTIVENESS · DIRECTNESS · MINIMAL
UNPRETENTIOUS · ORDERLY · STREAMLINING

81
SLEEP

HIBERNATION
DREAM
SNORE
DRIFT OFF
SNUGGLE
UNCONSCIOUS

SOMNOLENCE
NIGHT
SNORING
TIRED
BLANKET
RESTORE

RECHARGE
BED
DEEP SLEEP
DROWSY
PILLOW
REM

82
SLOW LIVING

(grid image)

HOMESTEADING
INTENTIONALITY
ARTFUL LIVING
SUSTAINABILITY
PLEASURE
CRAFTED GOODS

PRESERVING
LEISURELY
SLOW TRAVEL
RELAXED PACING
QUIET SPACES
FINENESS

MINDFUL CRAFT
INTENTIONAL LIVING
COMMUNITY
ENJOYMENT
LOCAL PRODUCE
LESS IS MORE

83
SOOTHING LANDSCAPES

LUSH CANOPY
BEAUTIFUL
OPEN
MAJESTIC
INSPIRING
DREAMY

PEACEFUL VALE
NATURAL
EXPANSIVE
RUSTIC
RELAXING
ESCAPISM

HARMONIOUS VIEWS
GREEN
SHADED GROVE
IDYLLIC
HEALING
QUIET POND

84
SPA DAY

HOT STONE
MANICURE
HYDRATION
SAUNA
FACIALS
REFRESHMENT

PEDICURE
EXFOLIATION
FACIAL
STEAM ROOM
DEEP TISSUE
HERBAL TEA

MUD BATH
TREATMENT
BODY SCRUB
JACUZZI
SOFT MUSIC
HYDROTHERAPY

85 — STARGAZING

```
A A T C I R L O G Y L U J A J J J V W
S S F B O D V O D C I M S O C P B S O
G Y D G M N B I D Q F I I P Z K L A D
O B Z M Y J S H A X L W D L R O H S J
B T J U S T V T I K A Y F A V B T H N
A O S D T D S T E N A L P N V R Q R O
A L U B E N I R Z L G A U E V Y G T E
P F Z M R Z O R A Y L S Z T A G O O E
L Y A W Y K L I M T C A A A D K F B P
E P O C S E L E T M S K T R L O W Z R
G J J X V S M N E A J X K I C D F U U
M M Y D X R Z T V V Y D U O A J N N
E S Y K V A F Y I G V R I M L N Z I N
J W O N S K J W N M X A E A D D S V R
G W L M W T K P I G V M R S E B V E N
H G J A S W H H F H N T R R B H S R B
G S L T P O U G N N S P Y K F O T S A
G S S O H H C W I A I W K R A D S E E
W H L F A S T R O N O M Y W E A X P H
```

NIGHT SKY
PLANETS
ASTRONOMY
MYSTERY
COLD
COSMIC

STARS
MILKY WAY
UNIVERSE
ASTRAL
PLANETARIUM
INFINITE

CONSTELLATIONS
TELESCOPE
NEBULA
DARK
OBSERVATION
COSMOS

86 — STILLNESS

```
U E D K Y T I L I B O M M I K U J H
N M S E F B W E H D G W N E D X C I N
M O T B T I G J E B J Z O M E K Z A
O T I J Z P V T C N F G I A X U N C
V I L T M W U B L A N T T P I P V T
I O L F A M U R V I I H A Z F U K I
N N I B I N R C R W E L S A S G O V
G L M C Q Z G E R E F S S I N O N I
F E A B F K V A N G T R E T A P E T
W S G E C A B A T F A N C R R A I T
E S E Z W R L T N S L A I E T K G Y
T N T N S G N I G N A H C N U B X R
H V U A E I T T N E C S E I U Q H B
T V O F G Z S N Y C N A M R O D E W
H T K K D N O A O N Y U W B K Y H
M M X X G J A R T X R X C I F V U K
O K F Z N G A R S Q Q R S L B L F
P K C V C G A Y T E Q F B M A I I P
```

INACTIVITY
UNMOVING
STAGNANT
FROZEN
UNWAVERING
QUIESCENT

IMMOBILITY
DORMANCY
CESSATION
STAGNATION
MUTED
UNINTERRUPTED

STASIS
MOTIONLESS
INERTIA
UNCHANGING
TRANSFIXED
STILL IMAGE

87 — STRETCHING

```
M D T Z G I Y R E L E A S I N G E C N
Y Z C O O L D O W N J Y C N T B B R W
C Z D V C O S H O X P M I O N T W A M
A Z J O P Z U H I O H I N I I N E X J
D F E I L E R N O I S N E T O N I N G
B Y L O O S E N I N G V H O J R S K Z
Y C N O U T P U M R A W T M U N H H B
F N G A D A X B O I M P S F X R A X S
L W V X M T G Z B S F L I O B D F E N
A I F R Y I D W I G N I L E P C A W
T Y M Z D C C S L O J A A G P Z J N M
A R U B T S E S I S X B C N Q K R J J
F V T C E T H S T B K I G A Q F T Y O
A F C C A R N T Y R M L W R U M L I X
Q E I L N E I S Q F E I T G C U W N Z
F P I T T T G N V T L T O C Z S L N V
C P P X O C J Y G G K Y C M T C R Z O
E B E N S H C K A J V J W H I L K Y I
X C N M J J O I N T M O V E M E N T C
```

LOOSENING
WARM UP
PILATES
TONING
PLIABILITY
JOINT MOVEMENT

LIMBERING
COOL DOWN
MUSCLE
DYNAMIC STRETCH
CALISTHENICS
RELEASING

MOBILITY
RANGE OF MOTION
JOINT
STATIC STRETCH
TENSION RELIEF
EXTENSION

88 — SUNRISE

```
H H R P A N W A D G N I K A E R B Y U
V F R E S H S T A R T M R J A K T L W
G T R R M V Y E Z X P J J C R F L X X
Q D Z A X M Q U N W A D R A L O S U X
V L E D T U I L N R V O I R Y O L P K
R T M R I S D H A H V P G M R V I Y H
X B B C E C G Q S I H N W Y I T G H E
T F E S C G M N R E I R K G S H N B
O S R D U M N I I N S S N N E R T V A
M B I D N R N I R N N I A I R U B Z
V M N M A Q F O F O F R N Z B R E J
F O G E G W M A S Y F O O N B N E B V
O S L J W N N M F V S G M I U U A F J
F U I Q N D I L F Q F O L G K S K C P
T H G I L R A N I Z O O R E F K I A Z
V G H G C R J Y R G Z Q A B I N N K X
O Q T Y C I H T M O H S M W M R G T Q
L V F I R S T W A R M T H E P C V V U
D G C F M Q H N O X E J S N B U I I K
```

CRIMSON SKY
ROSY FINGERED
EMBERING LIGHT
MORNING MIST
BREAKING DAWN
NEW DAY

MORNING
EARLY RISER
NEW BEGINNING
LIGHT BREAKING
FIRST WARMTH
SOLAR DAWN

LIGHT
MORNING STAR
FRESH START
SUNBURST
DAWN LIGHT
SUNRISE SHIMMER

89
SUNSET

EVENING	TWILIGHT	COLORS
EBBING LIGHT	GOLDEN HOUR	SUNS FAREWELL
BURNISHED SKY	WANING DAY	RADIANT DUSK
ROMANTIC	END OF DAY	EVENINGS EMBRACE
SHADOWFALL	SOLAR DESCENT	SAFFRON SKY
DUSKING	SCARLET HORIZON	NOCTURNE TRANSITION

90
TAI CHI

YIN YANG	MARTIAL ART	WUJI
CIRCULAR MOTION	DYNAMIC STILLNESS	MERIDIAN
DAN TIAN	SLOW	INTERNAL BALANCE
TAO	PINYIN	JING
STANDING MEDITATION	ENERGETIC FLOW	GRACE
POSTURE	QI CULTIVATION	FLOWING MOVEMENTS

91
TEA CEREMONY

RITUAL	TRADITION	CHADO
TEAHOUSE	RESPECT	PURITY
KAISEKI	HOSPITALITY	ETIQUETTE
TEA	CHABANA	BOWL
WHISK	CEREMONY	MATCHA
UTENSILS	TEA CADDY	TATAMI

92
TRANQUIL LAKE

RIPPLES	SHORELINE	CRYSTAL CLEAR
STILL	HIDDEN COVE	BLUE
AQUATIC	VERDANT	PLACIDITY
LAPPING SHORES	ISOLATED	WATERSCAPE
STILL SURFACE	ENCLAVE	COVE
QUIET INLET	EBB	LAGOON

93
VISION BOARD

GOALS	DREAMS	AMBITION
ASPIRATIONS	AMBITION MAPPING	ACTUALIZATION
PLANNING	FUTURECASTING	IDEATION
MANIFESTATION	MILESTONES	IMAGES
WORDS	COLLAGE	FUTURE
ROADMAP	VISUAL STORYTELLING	GOAL SETTING

94
WALKING

RAMBLING	STRIDING	AMBLING
PACE	FITNESS	GAIT
TRUDGING	SOCIAL	DOG
BABY	LEISURE	HOBBY
JOURNEYING	MARCHING	ROAMING
PLODDING	STEPPING	MOSEYING

95
WATERFALLS

SPRAY	RUSHING WATER	GORGE
PLUNGE	FOAMING	CASCADE
FLOW	WATERCOURSE	SPOUT
OVERFALL	SPILLWAY	OUTFLOW
RIVULET	EROSION	MIST
RAINBOW	GEOLOGY	HYDROLOGY

96
WAVES

OCEAN	BREAKERS	MOVEMENT
RHYTHM	WHITECAPS	POWER
SOUND	BEAUTY	WAVELET
CURRENT	TIDE	BEACH
COASTAL	SALTY	FRESH
DYNAMIC	ENDLESS	BACKWASH

97 — WRITING

```
A W N B F F B Z G E P I P Z E C R K I
W S T U E A E T C E C Q P H I C W M A
T C C B E X P R E S S I O N J J S M A
P X G P L G E N R E B L U D T A F G
V G T S I M P V A P J P P Y C E Z I N
J Y Z Z N S U I I F P V L O H D W N A
J S T Y G O R U I T G E M P D I F A
W G N X S N P E G R A M M A R N Y T
W C T O T R O S C U U R C Y G E F I
J Z Y R O T S L A N O S R E P A P O
B W U C L X E C I M E L F A R X E N
J H E Q A G X C S O W I Q C N O N J
V S I A L N A M Y E Z T D A J J W Q
S K B C L T Z M R V X Y P U Z W S L
U D Z M I U R E Y R O T S V A Q X H
G G W O R L G M S H U R O R R H C A
F P N M D C B X E E F N H W G S Q Q U
T B F T H O U G H T S Q A U K M I V
```

PEN	PAPER	STORY
NARRATIVE	PERSONAL STORY	EXPRESSION
COMMUNICATION	IDEAS	THOUGHTS
FEELINGS	IMAGINATION	GRAMMAR
STYLE	GENRE	AUDIENCE
PURPOSE	CRAFT	PROCESS

98 — YOGA

```
H P M J H S Q K W D G X W H S N I Q J L C Q
Y A Z F C J H C S F Y A I Y W M M M X R U H
Y P C P T P L O Z D B S W D D V V M X X B A
G O Z T E A E L O L W O B G N I G N I S O Z
R F G G R A I B W P R Z P Y T S L E U T M K
E C A A T S G A V I Z M W H R U J B T E P L
N D K I S M Y G L V W T G O H Z K A K L M I
E D Z O J T P O O R L R B Z G B J W O A D N
U S P Q J F R Y G D O I Q X A B X J W Z T K
O R E F E A A A V A D V U Z R T G Q P H A R
C H E S Z E Y D P D M R K E Y G R D X B F I
T F O R J S E L W H N A A X L L E O J W D F
A P B M O H R J D H V T T W I G T Q S R Z I
Z Y O Z H K B G Z I H V M G N Y S K G Z E Y
B A H D S N E L Q H S W L D H W L Q R R V Z
N M E D I T A T I O N C U S H I O N P U R S
R P I I S T D M M J D B I D E B D T J W P
D L X R O X S P J U E B H P I H U S N G J I
X A I H T G N E R T S E A T L J H Y J I H R
I N J X M L L Q N J B Y U Q D J Y Q O D M I
T K C Z N N Q G C K P H S F K C N S Q N X T
F W A I A G L H F V N Y K P L S Y E W C X I
```

POSE	STRETCH	BREATH
YOGA BLOCK	YOGA STRAP	MEDITATION CUSHION
DOWNWARD DOG	STRENGTH	PLANK
YOGA MAT	BODY	MIND
SPIRIT	PRAYER BEADS	SINGING BOWL
ENERGY	DISCIPLINE	BOLSTER

99 — ZEN

```
P Z F E S D O V X Y E J J Y N J H
H C V N H U V P G Y B Q I E E O G
C O H I I I S E Z Z R H E R B J F
T U X H N H G M X H S R X O I W M
D N P S G L Q G Y N T V F S W K E
N W O S O I Y U A I M X X S B O I
Z A Z E N C U S H I O N D Y W A P
S K M S W N K D S D K F C O N N I
C O N I H S O Y N C S I G R J V P
W S E O W B V E W T H B N N R O H
W V J R V R Z M D D A K S H H F E
X O L L G W U D G H V J R V I U I
B P S P F S Z O I L Y A R O D N Q
X P O A H F N H D L K A B V O R K
R Y L I A G U M X O P O N D W Y E
C H N W Y Q N I C O J W T A Z A U
G E N O B W U I I M L W E L K F W
```

MUSHIN	ZENDO	KINHIN
KOAN	SESSHIN	ZAZEN CUSHION
SANSHI	BODHI TREE	DHYANA
YOSHINO	HOJO	DOJO
MUGA	JIRIKI	SHINGON
JODO	MOKSHA	GONGYO

100 — ZEN GARDEN

```
E V L N Y T E H C G R A V E L C N F
E R U C I N P L X D B T T N T Q Q D
R P K D N A S N E Z R E V E V U B H
T C N D D X T A D A G L R Y J D U C
O U G U U A I N N B W R Q U N P Y C
K H D Y E A N Q U C D I K I R B Q
G N R N S E U M T O S D D W E P L I
I G T E L P A M E S E N A P A J N T
G M I I T H I Q V N S W E P U O E G
B W T S O N O O A C O K Z E F D G
S Y Y U E S A E K P H C M Y U I R U
N A S P Q D A L E V A R G D E K A R
S E N P E B B L E P A T H D O R G N
P K V D K H W Q K N W F Z W S N K P
Q A Z E V X J Y P D O E Q O I I C I
S R G B A P S U O D J T X C C E O D
Q M L I P U K O V B X O S Q Y R R K
```

SANDSCAPE	JAPANESE MAPLE	RAKED GRAVEL
KOI POND	STONE LANTERN	TEA HOUSE
ROCK GARDEN	ZEN FOUNTAIN	PEBBLE PATH
ZEN SAND	GRAVEL	WATER
MOSS	SAND	RAKE
DESIGN	GINGKO TREE	TRANQUILITY